华夏国学经典 全本全注全译丛书

笠翁对韵

冯国超◎译注

华夏出版社
HUAXIA PUBLISHING HOUSE

前　言

　　《笠翁对韵》是由笠翁创作的关于怎样对仗、用韵的启蒙读物。笠翁即李渔，明末清初著名的学者、戏曲家，浙江兰溪人。原名仙侣，字笠鸿，后改为字笠翁，又字谪（zhé）凡，号天徒，别署笠道人、随庵主人等。李渔擅长写小说，尤其精于谱曲，一生著述丰富，有《闲情偶寄》《合锦回文传》《风筝误》《玉搔头》等。《笠翁对韵》是他仿照清代学者车万育的《声律启蒙》而编写的。

　　所谓"对韵"，即对仗、押韵。所谓对仗，指按照字音的平仄（zè）和字义的虚实做成对偶的语句；所谓押韵，指在诗词歌赋中，某些句子的尾字用韵母相同或相近的字，使音调和谐优美。对于没有专门学过这方面知识的读者来说，看了这样的解释，无疑会感到难以理解，因为什么叫平仄、什么叫字义的虚实、什么叫对偶、什么叫韵母相同或相近，等等，仍需作进一步的解释。

　　所谓平仄，指平声和仄声。平声是古汉语中的第一声，包括普通话里的阴平（"-"）和阳平（"ˊ"）两类，如"心（xīn）""文（wén）"就是平声字；仄声指古汉语中的上、去、入三声，它是相对于平声而言的，如"有（yǒu）""信（xìn）"就是仄声字。对偶则是一种修辞方式，指用字数相同、结构一样、平仄相对的语句来表达相反或相关的意思。具体说来，对偶通常包括上下两句，上句叫出句,下句叫对句,上下两句必须字数相同,而且在上下两句中处于同一位置的字必须词性相同(如名词对名词、动词对动词、形容词对形容词),意义相关或相反(如天与地、日与月、白与黑),平仄相对,即平对仄、仄对平。

说完了对仗,我们再来说押韵。据上所述,押韵指把韵母相同的字放在诗词歌赋中某些句子的末尾,对此,我们可举《笠翁对韵·上卷·一东》中第一段的前几句来说明:

天对地,雨对风,大陆对长空(kōng)。
山花对海树,赤日对苍穹(qióng)。
雷隐隐,雾蒙蒙,日下对天中(zhōng)。
风高秋月白,雨霁晚霞红(hóng)。

以上四句的尾字分别为空、穹、中、红,韵母均为 ong(其中穹的韵母为 iong,也与 ong 同韵),且均为平声字,所以这四个句子就属于押韵。这种押韵的句子读起来朗朗上口,声音回环,具有特殊的美感。

古人根据韵母的不同,把汉字归纳为 106 个韵,包括 30 个平声韵,29 个上声韵,30 个去声韵,17 个入声韵,每个韵中均包括若干个字。古人在写格律诗时,通常只用平声韵。因为平声字太多,古人又把平声韵分为上下两部分,称为上平声和下平声,其中上平声 15 韵,分别为"一东""二冬""三江""四支"等;下平声 15 韵,分别为"一先""二萧""三肴""四豪"等。这里的"一""二""三"等是序号,"东""冬""江"等则是每一类平声韵的代表字,表示与它们韵母相同的字,如上例中的"空""穹""中""红"就是与"东"同韵的字,所以归入"一东"。

《笠翁对韵》就是运用平声韵来进行创作的作品。它把 30 个平声韵分为上下两部分,称为上下两卷,每卷15个韵;根据每一类韵的代表字,又分为"一东""二冬""三江""四支"等节;在每一节中,又包括二至四个不等的段落;每个段落均由众多的对句组成,这些对句包括一字对、二字对、三字对、五字对、七字对、十一字对六种形式。所谓一字对,即一个字与一个字相对,如上引的"天对地,雨对风",就是"天"与"地"、"雨"与"风"相对;所谓两字对,即两个字与两个字相对,如上引的"山花对海树,赤日对苍穹"就是"山花"与"海树"、"赤日"与"苍穹"相对;其余依此类推。而且,《笠翁对韵》全书共九十段,每一段的结构都一模一样,即按顺序均由两个一字对、三个两字对、一个三字对、一个两字对、一个五字对、一个七字对、一个十一字对构成。因此,严格说来,《笠翁对韵》并不是一部系统介绍怎样对仗、用韵的作品,而只是为人们学习对仗、用韵提供了精彩而又生动的范例。

  前面曾经说到,《笠翁对韵》是李渔仿照车万育的《声律启蒙》而编写的,因此,常常有读者提出这样的问题:作为同类性质的书,《笠翁对韵》与《声律启蒙》孰高孰下、孰优孰劣?对于这个问题,我们可以从形式和内容两个方面作出考察。

  从形式上看,两种书都是分为上下两卷,都包括九十段文字,但在细节上则存在区别。《笠翁对韵》每一段文字的结构形式完全一样,《声律启蒙》则显得有些杂乱,如《笠翁对韵》的最后一对均为十一字对,《声律启蒙》则有时为十字对,有时为十一字对,显得不够整齐统一。

  从内容上看,《笠翁对韵》似亦要稍胜一筹。这一方面是因为李渔擅长文学创作,精于谱曲;另一方面则是因为《笠翁对韵》是在《声律启蒙》的基础上创作的,若在水平上不能超越《声律启蒙》,就没有写作的必要了。

作为一种专门讲授对仗、用韵知识的启蒙读物，《笠翁对韵》在中国古代社会的价值和作用当然是毋庸置疑的。现代语文教育虽然不再要求学生们必须去作对仗押韵的诗句，但这并不影响《笠翁对韵》在现代语文教育中仍可发挥积极的辅助作用，因此，目前的图书市场上存在各种形式的《笠翁对韵》读物。然而，仔细考察这些读物，可以发现，它们大多只是展示《笠翁对韵》的原文，最多也就是加上拼音和简单的注释，很少去介绍对仗、用韵方面的知识，对于文中的大量典故和文史知识，也缺乏明确系统的说明，这就严重影响了读者对该书的性质和内容的把握。正是为了弥补上述缺陷，我们撰作了这本《华夏国学经典全本全注全译丛书·笠翁对韵》。概括地说，本书主要有以下几个方面的特点：

一、本书的原文以民国时期出版的《笠翁对韵》为底本，同时参阅了民国六年（公元1917年）上海江东茂记书局印行的《五彩〈千家诗〉注解》所附的《笠翁对韵》及当今一些较具代表性的《笠翁对韵》出版物。

二、注释简洁、准确、客观、全面。目前出版的许多古代经典注译本有一个较为明显的通病，就是注译者作注较为随意，这种随意表现在两个方面：一是哪些字词须注，哪些字词不用注，没有统一的标准，造成一些必须加注的疑难字词常常被有意无意地回避了，这必然会给读者阅读古代经典带来很大的困难；二是注释文字较为随意，注译者常常根据自己的理解来作注，而不是依据相关工具书上的解释，这就使注释文字缺乏权威性。本书则做到逢疑难必注，不回避问题，对于迄今仍存在分歧和争议的地方，坚持实事求是的原则，或明确表示存疑，或同时列举几种有代表性的观点，以提示读者此处内容并无确解。同时，注释文字一律采用《汉语大词典》《辞海》《辞源》《古代汉语词典》等权威工具书中的解释，以避免误导读者。

三、在白话翻译部分,尽量采用直译的做法,不作引申和发挥,并力求使译文精致、流畅。

衷心希望广大读者能在赏心悦目的阅读中,轻松把握《笠翁对韵》的内容和精髓。

冯国超
2016年9月于北京

目　录

上卷 ································· 001
　一东 ································ 001
　二冬 ································ 006
　三江 ································ 011
　四支 ································ 015
　五微 ································ 022
　六鱼 ································ 028
　七虞 ································ 034
　八齐 ································ 041
　九佳 ································ 047
　十灰 ································ 055
　十一真 ······························· 060
　十二文 ······························· 066
　十三元 ······························· 072
　十四寒 ······························· 076
　十五删 ······························· 081

下卷 ··· 085
　一先 ······································· 085
　二萧 ······································· 093
　三肴 ······································· 099
　四豪 ······································· 105
　五歌 ······································· 111
　六麻 ······································· 118
　七阳 ······································· 125
　八庚 ······································· 132
　九青 ······································· 138
　十蒸 ······································· 142
　十一尤 ····································· 146
　十二侵 ····································· 152
　十三覃 ····································· 156
　十四盐 ····································· 160
　十五咸 ····································· 165

上 卷

一 东

【题解】

"一东"的"一"是序号,"东"是30个平声韵的代表字之一,表示与"东"归于同一韵部的字。"一东"中的"空""穹(qióng)""中""红""宫""公""熊"等都是与"东"同韵的字。

天对①地,雨对风,大陆②对长空③。

山花对海树④,赤日对苍穹⑤。

雷隐隐⑥,雾蒙蒙⑦,日下对天中。

风高⑧秋月白⑨,雨霁(jì)⑩晚霞红。

牛⑪女⑫二星河⑬左右,参(shēn)⑭商⑮两曜(yào)⑯斗(dǒu)⑰西东。

十月塞边⑱,飒(sà)飒⑲寒霜惊戍(shù)旅⑳;三冬㉑江上,漫漫㉒朔(shuò)㉓雪冷渔翁。

【注释】

①对:使诗文词句相互配合成对。　②大陆:面积非常广大

的陆地。　③长空:辽阔的天空。　④海树:海里的树,即珊瑚(shānhú),海洋中大量珊瑚虫(生活在海洋中的一种腔肠动物)的石灰质骨骼(gé)聚集而成的东西,多为树枝状。⑤苍穹:天空。苍:青色。　⑥隐隐:隐约,看起来或听起来不很清楚。　⑦蒙蒙:模糊不清的样子。　⑧风高:风大。　⑨白:光明;明亮。　⑩霁:雨或雪停止后天色转晴。　⑪牛:指牵牛星,俗称牛郎星。　⑫女:指织女星。⑬河:指银河,晴天夜晚天空中呈现的像河一样的银白色光带。　⑭参:二十八宿(xiù)之一。二十八宿是我国古代天文学家把天空中可见的星分成的二十八个组。　⑮商:二十八宿之一。　⑯曜:星辰。　⑰斗:星宿名,因形状像斗,故名。　⑱塞边:要塞旁边。塞:边界上可以据险固守的要地。　⑲飒飒:形容风、雨声。　⑳戍旅:守卫边疆的部队。戍:守卫边疆。　㉑三冬:冬季三月,即冬季。㉒漫漫:长而无边的样子。　㉓朔:北方。

【大意】

天与地对应,雨与风对应,大陆与长空对应。

山花与海树对应,赤日与苍穹对应。

雷隐约作响,雾茫茫一片,日下与天中对应。

猛烈的风使秋夜的月亮十分皎(jiǎo)洁,雨后的晚霞映红了天际。

牵牛星和织女星在银河的左右两边,参星和商星位于斗星的西边和东边。

十月的边关,寒冷的霜使守边的士卒感到惊惧;冬天的江上,北方漫天的大雪使渔翁感觉寒冷。

河①对汉②,绿对红,雨伯③对雷公④。

烟楼⑤对雪洞,月殿⑥对天宫⑦。

云叆叇(àidài)⑧,日曈曚(tóngméng)⑨,蜡屐(jī)⑩对渔篷(péng)⑪。

过天⑫星似箭,吐魄⑬月如弓。

驿(yì)旅⑭客逢梅子雨⑮,池亭⑯人挹(yì)⑰藕(ǒu)花风⑱。

茅店⑲村前,皓(hào)月⑳坠林鸡唱韵㉑;板桥路上,青霜㉒锁道㉓马行踪。

【注释】

①河:黄河。 ②汉:汉水。 ③雨伯:神话中掌管下雨的神。 ④雷公:雷神的俗称,神话中主管打雷的神。 ⑤烟楼:耸入云霄(xiāo)的高楼。 ⑥月殿:月宫,神话传说中月中的宫殿,为嫦娥(cháng'é)所居。 ⑦天宫:天帝的宫殿。 ⑧叆叇:云层很厚、遮天蔽日的样子。 ⑨曈曚:太阳刚出来渐渐明亮的样子。 ⑩蜡屐:涂有蜡的鞋。屐:鞋。 ⑪渔篷:渔船上的篷。一说指渔民穿的斗篷。 ⑫过天:指流星划过天空。 ⑬吐魄:指蟾蜍(chánchú)口中吐出微光。古人认为月亮中有蟾蜍,月亮即蟾蜍口中吐出的光。魄:月初出或将没时月亮状如弓的微光。 ⑭驿旅:驿站的旅舍。 ⑮梅子雨:即梅雨,也叫黄梅雨,春末夏初我国长江中下游一带所下的雨。因这个时候正值梅子成熟变黄,故称。 ⑯池亭:池边的亭子。 ⑰挹:吸取。 ⑱藕花风:带有荷花香气的风。藕花:即荷花。 ⑲茅店:用茅

草盖成的旅舍。　⑳皓月：明亮的月亮。皓：明亮。
㉑鸡唱韵：指鸡富于韵律地啼叫。韵：和谐悦耳的声音。
㉒青霜：青白色的霜；秋霜。　㉓锁道：指覆满了道路。

【大意】

河与汉对应，绿与红对应，雨伯与雷公对应。

烟楼与雪洞对应，月殿与天宫对应。

云层密布，日光渐明，蜡屐与渔篷对应。

流星像箭一样划过天空，月初或将没时的月亮形状像弓。

驿站旅舍中的客人碰上了黄梅雨，池畔亭子里的人呼吸着带有荷花香气的风。

乡村的茅草旅店前，一轮明月正没入树林，雄鸡开始富于韵律地啼叫；用木板铺成桥的路上，青白色的霜覆满了道路，留下一串马蹄的痕迹。

　　山对海，华(huà)①对嵩(sōng)②，四岳③对三公④。

宫花⑤对禁柳⑥，塞⑦雁对江龙。

清暑殿⑧，广寒宫⑨，拾翠⑩对题红⑪。

庄周梦化蝶(dié)⑫，吕望⑬兆飞熊⑭。

北牖(yǒu)⑮当风⑯停夏扇，南帘⑰曝(pù)日⑱省冬烘(hōng)⑲。

鹤舞楼头，玉笛⑳弄㉑残仙子㉒月；凤翔台上，紫箫(xiāo)吹断美人风。

【注释】

①华：指华山，五岳中的西岳，位于陕西华阴市南，以险著称。

②嵩:指嵩山,五岳中的中岳,位于河南登封市北。　③四岳:泰山、华山、衡山、恒山的总称。　④三公:北斗星旁的三颗星。　⑤宫花:皇宫中的花。　⑥禁柳:宫廷中的柳树。禁:帝王宫殿。　⑦塞:边塞,边界上可以御敌的险要地方。　⑧清暑殿:古代宫殿名,夏日清凉,可用于避暑。　⑨广寒宫:指月中仙宫。　⑩拾翠:拾取翠鸟的羽毛以作为首饰。翠:翠鸟,一种有青绿色羽毛的小雀。　⑪题红:在红叶上题诗。　⑫庄周梦化蝶:庄周梦见自己变成蝴(hú)蝶。庄周:战国时期哲学家。名周,宋国蒙(今河南商丘东北)人。是道家思想的代表人物。　⑬吕望:即姜尚,姓吕,名望,字子牙。俗称姜太公。曾辅佐周武王灭商。周成王时封为齐侯。　⑭兆飞熊:传说周文王梦见飞熊,第二天便在渭水边见到了姜尚。兆:预兆,事物发生前显露出来的迹象。　⑮牖:窗户。　⑯当风:正对着风。　⑰帘:用布、竹子等做成的用来遮蔽门窗等的东西。　⑱曝日:晒太阳。　⑲冬烘:指冬天烧火取暖。烘:靠近火取暖。　⑳玉笛:玉制的笛子。　㉑弄:吹奏或操作乐器。　㉒仙子:仙人。

【大意】

山与海对应,华与嵩对应,四岳与三公对应。

宫花与禁柳对应,塞雁与江龙对应。

清暑殿,广寒宫,拾翠与题红对应。

庄周梦见自己化成了蝴蝶,周文王梦见飞熊而遇到吕望。

北边的窗户正对着风,夏天可以不用扇扇子纳凉;南边的门帘太阳直晒,冬天可以不用生火取暖。

鹤在楼前舞蹈(dǎo),仙人吹奏着玉笛,月亮即将落下;凤在台上翱(áo)翔,美人吹着紫箫,风为之停刮。

二 冬

【题解】

"二冬"的"二"是序号,"冬"是30个平声韵的代表字之一,表示与"冬"归于同一韵部的字。"二冬"中的"舂(chōng)""龙""钟""重""茸(róng)""凶""松"等都是与"冬"同韵的字。在现代汉语中,"东"与"冬"的读音相同,但是,在古代它们还是有某种区别的。

晨对午,夏对冬,下饷(xiǎng)①对高舂②。
青春③对白昼,古柏对苍松。
垂钓客,荷④锄翁,仙鹤对神龙。
凤冠⑤珠闪烁,螭(chī)带⑥玉玲珑(lóng)⑦。
三元及第⑧才千顷⑨,一品⑩当朝⑪禄(lù)⑫万钟⑬。
花萼(è)楼⑭间,仙李⑮盘根⑯调国脉⑰;沉香亭⑱畔,娇杨⑲擅宠⑳起边风㉑。

【注释】

①下饷:下午进食,指下午。饷:进食;吃。　②高舂:指傍

晚时分。春:用杵臼(chǔjiù)捣谷类等。 ③青春:指春季。 ④荷:扛;背。 ⑤凤冠:古代贵族妇女所戴的礼帽,上有用金玉制成的凤凰形状的装饰。 ⑥螭带:饰有螭的形状的带子。螭:古代传说中没有角的龙。 ⑦玲珑:精巧细致。 ⑧三元及第:指古代科举考试时,乡试、会试、殿试时都考得第一名,即考取解元、会元、状元。 ⑨千顷:形容面积大,这里指才学丰富。顷:地积单位,100亩等于1顷。 ⑩一品:封建社会中官员的最高一级。 ⑪当朝:掌权;执政。 ⑫禄:古代称官吏的薪俸(xīnfèng)。 ⑬万钟:指优厚的俸禄。钟:古代容量单位。 ⑭花萼楼:即花萼相辉之楼,唐玄宗时建于兴庆宫西南,简称花萼楼。 ⑮仙李:指李唐皇室。 ⑯盘根:树木的根株盘绕纠结,比喻根深蒂固。 ⑰调国脉:调理国家的命脉,指治国。 ⑱沉香亭:唐代皇宫中的一座亭子。 ⑲娇杨:指杨贵妃,小字玉环,又号太真,蒲(pú)州永乐(今山西芮〔ruì〕城西南)人。唐玄宗的贵妃,极受宠爱。 ⑳擅宠:独受宠爱。 ㉑起边风:边疆掀起风波,这里指发生安史之乱。

【大意】

晨与午对应,夏与冬对应,下饷与高舂对应。

青春与白昼对应,古柏与苍松对应。

钓鱼的人,背着锄头的老翁,仙鹤与神龙对应。

凤冠上的珍珠光彩闪烁,螭带上的玉雕刻得十分精巧。

连中三元的人才华出众,官居一品的执政者享受极其优厚的俸禄。

花萼楼中,李唐王朝的皇室成员们商讨着治国方略;沉香亭旁,杨贵妃独受宠爱造成了安史之乱。

清对淡,薄对浓,暮鼓①对晨钟②。

山茶对石菊③,烟锁④对云封⑤。

金菡萏(hàndàn)⑥,玉芙蓉(fúróng)⑦,绿绮(qǐ)⑧对青锋⑨。

早汤先宿酒⑩,晚食⑪继朝饔(zhāoyōng)⑫。

唐库⑬金钱能化蝶(dié),延津⑭宝剑会成龙。

巫峡⑮浪传⑯,云雨⑰荒唐神女庙⑱;岱(dài)宗⑲遥望,儿孙⑳罗列㉑丈人峰㉒。

【注释】

①暮鼓:佛寺中傍晚击鼓以报时。 ②晨钟:佛寺中早晨敲钟以报时。 ③石菊:指石旁的菊花。 ④烟锁:烟雾笼罩(lǒngzhào)。 ⑤云封:云雾封闭。 ⑥菡萏:荷花。 ⑦芙蓉:荷花。 ⑧绿绮:古琴名,相传为汉代司马相如所用之琴。 ⑨青锋:即青锋剑,指宝剑、利剑。因剑身寒光闪烁,锋芒毕露,故称。 ⑩宿酒:宿醉,过夜尚未全醒的余醉。 ⑪晚食:晚餐。 ⑫朝饔:早饭。朝:早晨。饔:早餐。 ⑬唐库:唐朝的府库。 ⑭延津:即延平津,在今福建南平市东南,是闽江的上游。 ⑮巫峡:长江三峡之一。西起重庆巫山县大宁西口,东至湖北巴东县官渡口。 ⑯浪传:空传;妄传。 ⑰云雨:男女幽会合欢。 ⑱神女庙:古迹名,在今四川巫山县东。 ⑲岱宗:指泰山。旧时称泰山为五岳之首,为诸山所宗,故称。 ⑳儿孙:这里指丈人峰附近的小山。 ㉑罗列:分布。 ㉒丈人峰:山峰名,在泰山绝顶的西边,形状像一个弯腰的老人。

【大意】

清与淡对应，薄与浓对应，暮鼓与晨钟对应。

山茶与石菊对应，烟锁与云封对应。

金灿灿的荷花，白玉般的芙蓉，绿绮与青锋对应。

早晨在宿醉未解前喝汤，早餐以后是晚餐。

唐朝府库中的金钱能化为蝴(hú)蝶，宝剑在延平津会变化成龙。

人们妄传，在巫峡的神女庙中发生过荒唐的男女幽情；远望泰山，众多小山环绕在丈人峰下。

繁对简，叠①对重②，意懒③对心慵(yōng)④。

仙翁⑤对释伴⑥，道范⑦对儒宗⑧。

花灼灼⑨，草茸(róng)茸⑩，浪蝶(dié)⑪对狂蜂⑫。

数竿⑬君子竹⑭，五树⑮大夫松⑯。

高皇⑰灭项⑱凭三杰⑲，虞帝⑳承尧㉑殛(jí)㉒四凶㉓。

内苑㉔佳人㉕，满地风光愁不尽；边关过客，连天烟草㉖憾无穷。

【注释】

①叠：一层加一层地堆；累积。　②重：再一次出现、做或说。　③意懒：意志消沉。　④心慵：心意懒散。慵：懒惰(duò)；懒散。　⑤仙翁：称男性神仙。　⑥释伴：一起修行的佛教徒。释：指佛教或僧人。　⑦道范：学道者的榜样。道：指道家。　⑧儒宗：儒者的宗师。儒：指儒家。　⑨灼灼：形容明亮、鲜艳。　⑩茸茸：(草)又短又软又密的样子。　⑪浪蝶：上下翻飞的蝴(hú)蝶，比喻轻薄放荡的

男子。　⑫狂蜂：肆意飞舞的蜂，比喻轻薄放荡的男子。
⑬竿：量词，相当于棵、株。　⑭君子竹：指竹子，因古人认为竹子有君子之风，故称。　⑮树：量词，相当于棵、株。
⑯大夫松：指松树，据传秦始皇曾封松树为五大夫，故称。
⑰高皇：指汉高祖刘邦。沛县（今属江苏）人。西汉王朝的建立者。　⑱项：指项羽。也叫西楚霸王、楚霸王。名籍，下相（今江苏宿迁西南）人。秦朝灭亡后，自立为西楚霸王。楚汉战争中被刘邦打败，自刎（wěn）而死。　⑲三杰：指萧何、韩信和张良，他们辅佐刘邦建立汉朝，立下了很大的功劳。
⑳虞帝：指舜，传说中的上古帝王，号有虞氏，史称虞舜。以孝闻名。尧把帝位传给他，他后来又传给了禹。　㉑尧：传说中的上古帝王，号陶唐氏，名放勋。他通过禅（shàn）让的办法把帝位传给了舜。　㉒殛：杀死。　㉓四凶：古代的四个恶人，是不服从舜的控制的四个部族首领。　㉔内苑：皇宫内的庭园，也指皇宫之内。　㉕佳人：美人。　㉖烟草：烟雾笼罩（lǒngzhào）的草丛。

【大意】

繁与简对应，叠与重对应，意懒与心慵对应。

仙翁与释伴对应，道范与儒宗对应。

花鲜艳明亮，草柔软稠（chóu）密，浪蝶与狂蜂对应。

几棵君子竹，五株大夫松。

刘邦依靠三杰的辅佐消灭了项羽，虞舜继承帝尧之位后处死了四凶。

　　皇宫内的美人，虽然满眼都是美丽的风景，却有说不尽的忧愁；路过边关的客人，望着烟雾笼罩下与远处天边相接的草地，有着无穷的憾恨。

三　江

【题解】

"三江"的"三"是序号,"江"是30个平声韵的代表字之一,表示与"江"归于同一韵部的字。"三江"中的"釭(gāng)""腔""降""邦""庞""幢(chuáng)""牻(máng)"等都是与"江"同韵的字。

奇(jī)①对偶②,只③对双,大海对长江。
金盘对玉盏,宝烛对银釭④。
朱漆槛(jiàn)⑤,碧⑥纱窗,舞调⑦对歌腔⑧。
兴汉⑨推马武⑩,谏(jiàn)⑪夏⑫著龙逄(páng)⑬。
四收列国⑭群王伏⑮,三筑高城⑯众敌降。
跨凤登台,潇洒仙姬(jī)⑰秦弄玉⑱;斩蛇当道,英雄天子⑲汉刘邦⑳。

【注释】

①奇:单的;不成双的。　②偶:双数;成双或成对的。
③只:单独的。　④釭:灯。　⑤槛:栏杆。　⑥碧:青

绿色。　⑦舞调：伴舞的曲调。　⑧歌腔：唱歌的腔调。
⑨兴汉：指光武帝刘秀中兴汉朝，建立东汉。　⑩马武：字子涨，南阳湖阳（今河南唐河）人。追随刘秀平定河北，任侍中、骑都尉。是光武二十八将之一。　⑪谏：对君主、尊长等的错误进行规劝。　⑫夏：指夏桀（jié），夏朝的末代君主，相传是个暴君。　⑬龙逄：即关龙逄，也作关龙逢。夏桀的臣子。因向夏桀进谏，被囚禁杀害。　⑭四收列国：指宋初大将曹彬（bīn）平定南唐、西蜀、南汉、北汉四个国家。
⑮伏：低头屈服。　⑯三筑高城：指唐代御史大夫张仁愿在黄河北筑三座受降城，使突厥（jué）人不敢南侵。　⑰仙姬：仙女。　⑱弄玉：相传是春秋时秦穆公的女儿。
⑲天子：国王或皇帝。　⑳刘邦：见上卷"二冬"第3段注⑰。

【大意】

奇与偶对应，只与双对应，大海与长江对应。

金盘与玉盏对应，宝烛与银釭对应。

漆成红色的栏杆，装有青绿色纱的窗户，舞调与歌腔对应。

复兴汉朝的功臣当推马武，劝谏夏桀最有名的是龙逄。

曹彬平定四个国家，各国君主都低头屈服；张仁愿修筑三座城池，使敌人纷纷投降。

乘坐着凤凰登上凤台，秦国的弄玉是潇洒自在的仙女；把横在路中的大蛇斩断，汉朝的刘邦是英雄的皇帝。

颜①对貌，像②对庞③，步辇（niǎn）④对徒杠⑤。
停针⑥对搁（gē）筑⑦，意懒（lǎn）⑧对心降（xiáng）⑨。
灯闪闪，月幢（chuáng）幢⑩，揽辔（pèi）⑪对飞艭⑫。

柳堤驰骏马,花院吠(fèi)⑬村尨(máng)⑭。

酒晕⑮微酡(tuó)⑯琼⑰杏颊(jiá)⑱,香尘⑲没(mò)印玉莲⑳跾(shuāng)㉑。

诗写丹枫㉒,韩女㉓幽怀㉔流御水㉕;泪弹斑竹㉖,舜妃㉗遗憾㉘积湘江㉙。

【注释】

①颜:面容。 ②像:形象;形状。 ③庞:面庞,脸盘儿。 ④步辇:古代一种用人抬的代步工具,类似轿子。 ⑤徒杠:可供徒步行走的小桥。 ⑥停针:停止做针线活。 ⑦搁筑:停止演奏筑。筑:古代弦乐器,形状像筝(zhēng);有的本子作"竺",所指不明。 ⑧意懒:意志消沉。 ⑨心降:内心悦服。降:欢悦;悦服。 ⑩幢幢:形容影子摇晃。 ⑪揽辔:挽住马缰(jiāng)。辔:驾驭牲口用的嚼(jiáo)子和缰绳。 ⑫飞艘:划船使快行。艘:船的总称。 ⑬吠:狗叫。 ⑭尨:多毛的狗。 ⑮酒晕:饮酒后脸上泛起淡红色。晕:有的本子作"量"。 ⑯酡:饮酒后脸色发红。 ⑰琼:美玉。 ⑱杏颊:像杏花颜色那样的脸颊,形容女子白嫩而红润的容颜。 ⑲香尘:芳香之尘,多指女子行走而带起之尘。 ⑳玉莲:指女子的脚。 ㉑跾:待考。与"跭(xiáng)"组成"跭跾"一词,指站立的意思。 ㉒诗写丹枫:指把诗写到红色的枫叶上。 ㉓韩女:唐僖(xī)宗时皇宫里的韩姓宫女。 ㉔幽怀:隐藏在内心的情感。 ㉕御水:宫廷中的河水。御:有的本子作"节"。 ㉖斑竹:竹子的一种,茎上有紫褐(hè)色的斑点。 ㉗舜妃:指虞舜的两位

妃子娥皇和女英,据传是帝尧的两个女儿。　㉘遗憾:遗恨,到死还感到悔恨或不称心的事。　㉙湘江:湖南省的最大河流,洞庭湖水系的主要河流之一。

【大意】

颜与貌对应,像与庞对应,步辇与徒杠对应。

停针与搁筑对应,意懒与心降对应。

灯光闪烁,月下影子摇曳(yè),揽辔与飞艎对应。

种满柳树的堤上骏马奔驰,开满鲜花的院子里多毛的狗在吠叫。

酒后脸上泛起淡淡的红色,映衬出女子美玉杏花般美丽的容颜;美女的玉足行过,在香粉上竟没有留下脚印。

诗写在红色的枫叶上,韩女内心的情感顺着宫廷的河水流出;眼泪滴落在斑竹上,虞舜两位妃子的遗恨积聚在湘江边。

四　支

【题解】

"四支"的"四"是序号,"支"是30个平声韵的代表字之一,表示与"支"归于同一韵部的字。"四支"中的"丝""词""脂""资""诗""栀(zhī)""师"等都是与"支"同韵的字。

泉对石,干^①对枝,吹竹^②对弹丝^③。

山亭对水榭(xiè)^④,鹦鹉(yīngwǔ)^⑤对鸬鹚(lúcí)^⑥。

五色笔^⑦,十香词^⑧,泼墨^⑨对传卮(zhī)^⑩。

神奇韩幹(gàn)^⑪画,雄浑^⑫李陵^⑬诗。

几处花街^⑭新夺锦^⑮,有人香径^⑯淡凝脂^⑰。

万里烽烟^⑱,战士边头^⑲争保塞^⑳;一犁膏雨^㉑,农夫村外尽乘时^㉒。

【注释】

①干:植物的主干。　②竹:竹制的管乐器。　③丝:指弦乐器。　④水榭:建筑在水边或水上、供人游览眺(tiào)

望的亭阁。　⑤鹦鹉:鸟,头部圆,羽毛美丽,舌圆而柔软,能模仿人说话的声音。　⑥鸬鹚:水鸟,羽毛黑色,嘴扁而长,上嘴的尖端有钩,善于潜水捕鱼。通称鱼鹰。　⑦五色笔:几种颜色的笔,比喻文才。　⑧十香词:据传为辽道宗皇后萧观音所作。　⑨泼墨:指用墨画画或写字。　⑩传卮:依次传递酒杯。卮:古代盛酒的器皿。　⑪韩幹:唐代画家。京兆(治今陕西西安)人,一作大梁(今河南开封)人。擅长画人物、鬼神、花竹,尤其擅长画马。　⑫雄浑:雄壮厚重。　⑬李陵:字少卿,西汉陇(lǒng)西成纪(今甘肃秦安)人。李广的孙子。汉武帝时任骑都尉,在与匈奴作战时兵败被俘。　⑭花街:种满花的街道。　⑮夺锦:夺取锦袍,指在竞赛中获胜。　⑯香径:两旁种满香花的小路。　⑰凝脂:凝固的油脂,形容洁白柔嫩的皮肤。　⑱烽烟:古时边防报警的烟火。　⑲边头:边疆。　⑳塞:边界上可据以御敌的险要地方。　㉑膏雨:滋润农作物的好雨。　㉒乘时:利用好的时机。

【大意】

泉与石对应,干与枝对应,吹竹与弹丝对应。

山亭与水榭对应,鹦鹉与鸬鹚对应。

五色笔,十香词,泼墨与传卮对应。

韩幹的画十分神奇,李陵的诗雄壮厚重。

几条种满鲜花的街上有人刚刚夺得锦袍,两旁长满香花的小路上有肤如凝脂的美人在行走。

烽火连绵万里,战士们在边关争着保卫险隘(ài);满犁都是及时的好雨,农夫们都在村外利用大好的时机干农活。

菹（zū）①对醢（hǎi）②，赋③对诗，点漆④对描脂⑤。

璠簪（fánzān）⑥对珠履⑦，剑客对琴师。

沽（gū）⑧酒价，买山⑨资，国色⑩对仙姿⑪。

晚霞明似锦⑫，春雨细如丝。

柳绊长堤⑬千万树，花横野寺两三枝。

紫盖黄旗⑭，天象预占⑮江左⑯地；青袍白马⑰，童谣（yáo）终应⑱寿阳儿⑲。

【注释】

①菹：酸菜；腌（yān）菜。　②醢：肉酱。　③赋：我国古代的一种文体，是韵文和散文的综合体。　④点漆：点上黑漆，形容眼珠乌黑发亮。　⑤描脂：指涂抹胭（yān）脂。　⑥璠簪：玉簪。璠：美玉。簪：别住发髻（jì）使不散乱的一种首饰，条状，用金属、玉石等制成。　⑦珠履：饰有珠子的鞋。履：鞋。　⑧沽：买。　⑨买山：购买山林，指隐居。　⑩国色：一国之内容貌最美的女子。　⑪仙姿：仙人的风姿，形容清雅秀逸的风姿。　⑫锦：有彩色花纹图案的丝织品。　⑬绊长堤：指像拴缚（fù）在长堤上一样。　⑭紫盖黄旗：出现于牛斗（dǒu）星宿（xiù）之间的云气，古代术士认为是象征帝王之气。　⑮预占：预示；预兆。　⑯江左：江东，指长江下游以东地区。　⑰青袍白马：穿着青色的袍，骑着白马，指乱臣贼子。　⑱应：应验。　⑲寿阳儿：指侯景，字万景，朔（shuò）方（郡〔jùn〕治今内蒙古杭锦旗北）人，一说雁门（郡治今山西代县）人。东魏时，位至司徒、南道行台。后归附梁朝。公元548年，侯景从寿阳（在今山西中部

偏东)起兵反梁武帝,故称寿阳儿。

【大意】

茈与醢对应,赋与诗对应,点漆与描脂对应。

璠簪与珠履对应,剑客与琴师对应。

买酒的钱款,买山的资金,国色与仙姿对应。

晚霞像锦一样鲜明艳丽,春雨像丝一样又细又密。

长堤上密密麻麻地种着千万棵柳树,野寺旁斜长着两三枝花。

紫盖黄旗,天象预示江东要出帝王;青袍白马,童谣最终应验在寿阳的侯景身上。

箴(zhēn)①对赞②,缶(fǒu)③对卮(zhī)④,萤(yíng)照⑤对蚕丝。

轻裾(jū)⑥对长袖,瑞草⑦对灵芝⑧。

流涕策⑨,断肠诗⑩,喉舌对腰肢。

云中⑪熊虎将⑫,天上凤凰⑬儿。

禹⑭庙千年垂橘柚(júyòu),尧⑮阶三尺覆茅茨(cí)⑯。

湘竹⑰含烟,腰下轻纱笼(lǒng)⑱玳瑁(dàimào)⑲;海棠⑳经雨,脸边清泪湿胭(yān)脂。

【注释】

①箴:古代的一种文体,以劝诫为主要内容。 ②赞:古代的一种文体,主要内容是称颂人或物。 ③缶:古代一种腹大口小的瓦器,有盖。 ④卮:古代一种盛酒的器皿。 ⑤萤照:萤火虫的光。 ⑥裾:衣服的前襟(jīn)。 ⑦瑞草:古人认为的吉祥之草,如灵芝之类。 ⑧灵芝:真

菌的一种,菌盖肾脏形,赤褐(hè)色或暗紫色,有环纹,带有光泽。可入药。　⑨流涕策:待考。一说指汉代贾谊的《治安策》。　⑩断肠诗:待考。一说指宋代女诗人朱淑贞的诗集《断肠集》。断肠:形容极度思念或悲痛。　⑪云中:郡(jùn)名,战国时设置,在今内蒙古境内。　⑫熊虎将:比喻猛将。　⑬凤凰:古代传说中一种象征祥瑞的鸟,据称是百鸟之王,身上有美丽的五色羽毛。　⑭禹:古代部落联盟领袖,传说曾治服洪水。　⑮尧:见上卷"二冬"第3段注㉑。　⑯茅茨:茅草盖的屋顶。也指茅屋。　⑰湘竹:即湘妃竹,也叫斑竹。　⑱笼:笼罩(zhào)。　⑲玳瑁:爬行动物,形状像龟,甲壳光滑,上有褐色与淡黄色相间的花纹。　⑳海棠:落叶乔木,叶子椭圆形或卵形,开淡粉红色或白色花。果实也叫海棠,球形,味酸甜。

【大意】

箴与赞对应,缶与卮对应,萤照与蚕丝对应。

轻裾与长袖对应,瑞草与灵芝对应。

令人流泪的策文,使人断肠的诗歌,喉舌与腰肢对应。

守卫云中郡的猛将,天上飞翔的小凤凰。

祭祀(jìsì)大禹的千年古庙中橘树和柚树垂挂着果实,帝尧宫廷台阶旁的屋顶上长着三尺高的茅草。

湘妃竹被云雾笼罩,就像腰下的轻纱覆盖在玳瑁身上;海棠经过雨水淋洗,就像脸上的胭脂被泪水打湿。

争对让,望对思,野葛①对山栀(zhī)②。
仙风③对道骨④,天造⑤对人为。

专诸⑥剑,博浪⑦椎(chuí)⑧,经纬⑨对干支⑩。

位尊民物主⑪,德重⑫帝王师。

望切⑬不妨人去远,心忙⑭无奈马行迟⑮。

金屋⑯闭来,赋⑰乞茂陵⑱题柱⑲笔;玉楼⑳成后,记㉑须昌谷㉒负囊(náng)词㉓。

【注释】

①葛:多年生藤本植物,开紫红色花。根肥大,可制淀粉,也可入药。 ②栀:即栀子,常绿灌木,叶子长椭圆形,开白花,香气浓烈。果实也叫栀子,倒卵形,赤黄色,可做黄色染料,也可入药。 ③仙风:仙人的风采。 ④道骨:指修道之士的气质。 ⑤天造:自然形成。 ⑥专诸:春秋时吴国堂邑(yì,今江苏六合)人,替吴国的公子光刺杀了吴王僚。 ⑦博浪:即博浪沙,古地名,在今河南原阳。据传张良曾在此派力士椎击秦始皇。 ⑧椎:敲打东西的棒状用具,大多一端较粗或呈球状。 ⑨经纬:织物上的纵线和横线。 ⑩干支:天干和地支的合称。古代常用来表示年、月、日的次序。 ⑪民物主:民众和万物的主人。 ⑫德重:指道德修养深厚。 ⑬望切:盼望迫切。一说指中医诊断疾病时观气色、按脉象。 ⑭忙:急;急迫。 ⑮迟:缓慢。 ⑯金屋:华美的房屋。 ⑰赋:我国古代的一种文体,是韵文和散文的综合体,盛行于汉魏六朝。这里指汉武帝皇后阿娇请司马相如作的《长门赋》。 ⑱茂陵:古县名,在今陕西兴平县东北。汉代司马相如曾居住在茂陵,后也代指司马相如。 ⑲题柱:在桥柱上题句,指对功名有所抱负。 ⑳玉楼:相

传为仙人居住的地方。　㉑记:记载、描写事物的文章或书。㉒昌谷:指李贺,字长吉,唐时昌谷(今河南宜阳)人。长于诗歌,曾任太常寺协调郎。　㉓负囊词:李贺外出时,让随行的人背一个锦囊,常把思索所得写在纸上投入囊中。

【大意】

争与让对应,望与思对应,野葛与山栀对应。

仙风与道骨对应,天造与人为对应。

专诸的剑,博浪沙的椎,经纬与干支对应。

地位特别尊贵的人是民众和万物的主人,道德修养深厚的人成为帝王的老师。

盼望迫切,即使人离得很远也不受影响;心里十分着急,无奈马奔跑的速度太慢。

汉武帝不再宠幸皇后阿娇,阿娇请曾住在茂陵、在桥柱上题写志向的司马相如撰写《长门赋》;天上的白玉楼建成后,神仙请常把随手写得的诗词装入所背囊中的李贺前去写记。

五　微

【题解】

"五微"的"五"是序号,"微"是30个平声韵的代表字之一,表示与"微"归于同一韵部的字。"五微"中的"非""飞""肥""归""薇(wēi)""闱(wéi)""辉"等都是与"微"同韵的字。

贤①对圣②,是对非,觉奥③对参微④。
鱼书⑤对雁字⑥,草舍⑦对柴扉(fēi)⑧。
鸡晓⑨唱,雉(zhì)⑩朝(zhāo)⑪飞,红瘦⑫对绿肥⑬。
举杯邀月饮,骑马踏花归。
黄盖⑭能成赤壁⑮捷⑯,陈平⑰善解白登危⑱。
太白⑲书堂⑳,瀑泉㉑垂地三千丈;孔明㉒祀(sì)庙㉓,老柏参天㉔四十围㉕。

【注释】

①贤:有品德或才能的人。　②圣:圣人,有极高品德和智慧的人。　③觉奥:发现奥妙。　④参微:领悟微妙的道理。　⑤鱼书:指书信。　⑥雁字:指书信。　⑦草

舍:茅草屋。　⑧扉:门。　⑨晓:天刚亮时。　⑩雉:野鸡。　⑪朝:早晨;清晨。　⑫红瘦:指红花变少。　⑬绿肥:指绿叶茂盛。　⑭黄盖:字公覆,三国时零陵泉陵(今湖南零陵)人。赤壁之战时,他建议用火攻,取得大胜。官至武陵太守、偏将军。　⑮赤壁:在今湖北武汉市赤矶(jī)山。　⑯捷:战胜。　⑰陈平:秦末汉初阳武(今河南原阳)人。楚汉战争中建议刘邦行反间计。汉朝建立后,封曲逆侯。惠帝、吕后、文帝时任丞相。　⑱白登危:公元前200年,刘邦率军与匈奴作战,被围困于平城白登山(在今山西大同东北),达七日之久。后用陈平的计策,厚赂(lù)匈奴冒顿(mòdú)单于(chányú)的皇后,才得突围。　⑲太白:即李白,字太白,号青莲居士。唐代著名诗人。曾供奉翰(hàn)林,不久遭排挤。　⑳书堂:书房。　㉑瀑泉:指由泉水汇成的瀑布。　㉒孔明:即诸葛亮,字孔明,琅玡(lángyá)阳都(今山东沂〔yí〕南县南)人。蜀汉政权建立后任丞相。㉓祀庙:指建于四川成都用来祭(jì)祀诸葛亮的武侯祠(cí)。㉔参天:树木等高高耸立,直入空中。　㉕围:两只胳膊张开后合拢起来的长度。

【大意】

贤与圣对应,是与非对应,觉奥与参微对应。

鱼书与雁字对应,草舍与柴扉对应。

雄鸡在天刚亮时啼叫,野鸡在清晨飞翔,红瘦与绿肥对应。

举起酒杯邀请明月一起来饮酒,骑马踏着满地的落花回家。

黄盖能促成赤壁大捷,陈平善于化解白登山的危难。

李白的书房前,瀑布从三千丈的高处直落地面;孔明的祠庙里,粗达四十围的古柏耸入云霄(xiāo)。

戈①对甲②,幄(wò)③对帷(wéi)④,荡荡⑤对巍巍⑥。

严滩⑦对邵圃(pǔ)⑧,靖(jìng)菊⑨对夷薇(wēi)⑩。

占⑪鸿渐⑫,采凤飞⑬,虎榜⑭对龙旗⑮。

心中罗⑯锦绣⑰,口内吐珠玑(jī)⑱。

宽宏⑲豁(huò)达⑳高皇㉑量㉒,叱咤(chìzhà)㉓喑(yìn)哑㉔霸王㉕威。

灭项㉖兴刘㉗,狡兔尽时走狗死;连吴㉘拒魏㉙,貔貅(píxiū)㉚屯㉛处卧龙㉜归。

【注释】

①戈:一种古代兵器,横刃,装有长柄。 ②甲:古代打仗时穿的一种护身衣服,用金属、皮革等制成。 ③幄:帐幕。 ④帷:帐子。 ⑤荡荡:广大的样子。 ⑥巍巍:高大的样子。 ⑦严滩:严光隐居的地方。严光字子陵,是东汉光武帝刘秀的同学。刘秀称帝后,想重用严光,严光不接受,到浙江富春山隐居。 ⑧邵圃:邵平种瓜的园地。邵平即召(shào)平,秦时广陵人,封东陵侯。秦朝灭亡后,因家贫,在长安城东种瓜。所种的瓜味道很甜,俗称东陵瓜。圃:种植菜蔬、花草、瓜果等的园地。 ⑨靖菊:指陶渊明所爱之菊花。陶渊明是东晋著名的诗人,死后私谥(shì)靖节;又陶渊明生前爱菊,写过"采菊东篱(lí)下"之句,故称。 ⑩夷薇:伯夷所采之薇。伯夷是商朝末年孤竹国国君的长子,因反对周武王用暴力推翻商朝,隐居于首阳山,采薇为食,后饿死。薇:古书上指巢(cháo)菜,多年生草本植物,蔓(màn)生,开紫红色花。 ⑪占:指占卜,一种预测吉凶的迷信活动。

⑫鸿渐:指大雁由低到高地飞翔。鸿:大雁。 ⑬采凤飞:指占卜佳偶。采:感应。 ⑭虎榜:龙虎榜的简称,即进士榜。 ⑮龙旗:画有两龙蟠(pán)结的旗子,是天子仪仗之一。 ⑯罗:包罗。 ⑰锦绣:鲜艳美丽的丝织品,比喻美丽或美好的事物。 ⑱珠玑:珠玉,比喻美好的诗文等。 ⑲宽宏:气量大,能容人。 ⑳豁达:胸襟(jīn)开阔,气量大。 ㉑高皇:指汉高祖刘邦。见上卷"二冬"第3段注⑰。 ㉒量:气度;气量。 ㉓叱咤:怒喝。 ㉔喑哑:发怒喝叫。 ㉕霸王:指西楚霸王项羽。见上卷"二冬"第3段注⑱。 ㉖项:指项羽。 ㉗刘:指刘邦。 ㉘吴:指三国时的吴国。 ㉙魏:指三国时的魏国。 ㉚貔貅:古书中的两种猛兽,比喻勇猛的战士。 ㉛屯:聚集。 ㉜卧龙:指诸葛亮。见上卷"五微"第1段注㉒。

【大意】

戈与甲对应,幄与帷对应,荡荡与巍巍对应。

严滩与邵圃对应,靖菊与夷薇对应。

占卜占到大雁渐渐飞翔的爻(yáo)辞,感应到凤凰飞翔的吉兆,虎榜与龙旗对应。

心中蕴藏着丰富的才华,口中说出优美的文辞。

刘邦的肚量宽宏豁达,项羽一声威严的怒喝可使风云变色。

消灭项羽,帮助刘邦取得成功,然而等到狡猾的兔子逮尽时逮兔的狗就会被杀死;联合吴国,抗拒魏国,猛士聚集的地方诸葛卧龙就会前来。

衰对盛,密对稀,祭(jì)服①对朝衣②。

鸡窗③对雁塔④,秋榜⑤对春闱(wéi)⑥。乌衣巷⑦,燕子矶(jī)⑧,久别对初归。天姿⑨真窈窕(yǎotiǎo)⑩,圣德⑪实光辉。蟠(pán)桃⑫紫阙(què)⑬来金母⑭,岭荔(lì)⑮红尘⑯进玉妃⑰。霸王⑱军营,亚父⑲丹心⑳撞玉斗(dǒu)㉑;长安酒市,谪(zhé)仙㉒狂兴换银龟。

【注释】

①祭服:祭祀(sì)时穿的服装。　②朝衣:君臣上朝时所穿的衣服。　③鸡窗:书斋。　④雁塔:塔名,在今陕西西安慈恩寺中,也称大雁塔。唐代新进士常在此题名。　⑤秋榜:科举时代于秋天考试后所发的榜。　⑥春闱:指唐宋时期的礼部试士和明清时期的京城会试,因都在春季举行,故称。闱:科举时代指考场。　⑦乌衣巷:地名,在今南京市秦淮河南。　⑧燕子矶:地名,在今南京市东北部观音山。因突出的岩石状如飞燕,故名。矶:水边突出的大块岩石。　⑨天姿:姿容。常指美艳的姿色。　⑩窈窕:身材或体态优美。　⑪圣德:最高尚的品德。　⑫蟠桃:传说中的仙桃。　⑬紫阙:神仙洞府。　⑭金母:指西王母。古代神话传说中的女神,也叫瑶(yáo)池金母、王母娘娘。　⑮岭荔:岭南的荔枝。　⑯红尘:飞扬的尘土。　⑰玉妃:指杨贵妃。见上卷"二冬"第1段注⑲。　⑱霸王:指西楚霸王项羽。见上卷"二冬"第3段注⑱。　⑲亚父:指范增,项羽的谋士,善于谋略,被尊为亚父。　⑳丹心:赤诚的心。　㉑玉斗:玉

制的酒器。　㉒谪仙：谪居世间的仙人，这里指李白。见上卷"五微"第 1 段注⑲。

【大意】

衰与盛对应，密与稀对应，祭服与朝衣对应。

鸡窗与雁塔对应，秋榜与春闱对应。

乌衣巷，燕子矶，久别与初归对应。

美女的姿容体态真是优美，高尚的道德确实闪烁耀眼。

西王母从仙宫中送来蟠桃，岭南的鲜荔枝随着马扬起的尘土进献到了杨贵妃的面前。

在项羽的军营中，亚父范增出于忠心而把玉斗撞碎；在长安的酒市上，谪仙李白狂放纵情，用银龟换酒喝。

六 鱼

【题解】

"六鱼"的"六"是序号,"鱼"是30个平声韵的代表字之一,表示与"鱼"归于同一韵部的字。"六鱼"中的"裾(jū)""庐""书""舒""余""驴""舆(yú)"等都是与"鱼"同韵的字。

羹(gēng)①对饭,柳对榆②,短袖对长裾③。
鸡冠对凤尾,芍(sháo)药④对芙蕖(fúqú)⑤。
周⑥有若⑦,汉⑧相如⑨,王屋⑩对匡庐⑪。
月明山寺远,风细水亭虚。
壮士腰间三尺剑,男儿腹内五车书⑫。
疏影⑬暗香⑭,和靖(jìng)⑮孤山梅蕊(ruǐ)放;轻阴⑯清昼⑰,渊明⑱旧宅柳条舒。

【注释】

①羹:用肉类或菜蔬等制成的带浓汁的食物。　②榆:榆树,落叶乔木,叶子卵形,花有短梗(gěng)。　③裾:衣服的前襟(jīn)。　④芍药:多年生草本植物,花也叫芍药,大

而美丽,是著名的观赏植物。　⑤芙蕖:荷花。　⑥周:朝代名。公元前1046—前256年,姬(jī)发所建。　⑦有若:孔子弟子,字子有,鲁国人。长得与孔子很像。　⑧汉:朝代名。公元前206—公元220年,刘邦所建。分西汉和东汉。⑨相如:指司马相如,字长卿,蜀郡(jùn)成都(今属四川)人。工辞赋。汉武帝时奉命以中郎将的身份出使略定西南夷。⑩王屋:指王屋山,在山西垣(yuán)曲县和河南济源市间。⑪匡庐:指庐山,在江西九江市南部,集雄奇与秀丽于一体。因相传殷周间有匡姓兄弟在此结庐隐居,故名。　⑫五车书:指书很多,常用来指人博学。　⑬疏影:指物体的影子稀疏。　⑭暗香:清幽的香气。　⑮和靖:即林逋(bū),字君复,死后谥(shì)和靖先生。杭州钱塘(今属浙江)人。善行书,喜赋诗,终身不娶,曾隐居杭州西湖之孤山。　⑯轻阴:淡云;薄云。　⑰清昼:晴朗的白天。清:指天气晴朗。⑱渊明:即陶渊明,名潜,字元亮,私谥靖节。东晋时浔(xún)阳柴桑(今江西九江)人。曾任彭泽令,后辞官隐居。长于诗文辞赋。

【大意】

羹与饭对应,柳与榆对应,短袖与长裾对应。

鸡冠与凤尾对应,芍药与芙蕖对应。

东周的有若,汉代的司马相如,王屋与匡庐对应。

明月当空,远处的山上有寺庙的影子;微风吹拂,水边的亭子里空无一人。

壮士的腰间悬挂着三尺长的宝剑,男子腹中有渊博的知识。

稀疏的影子,清幽的香气,林和靖所居的孤山上的梅花开放了;晴朗的白天,淡薄的云彩,陶渊明旧宅中柳树的枝条十分舒展。

吾①对汝②,尔③对余④,选授⑤对升除⑥。
书箱对药柜,耒耜(lěisì)⑦对耰(yōu)锄⑧。
参(shēn)⑨虽鲁⑩,回⑪不愚,阀阅⑫对阎闾(lú)⑬。
诸侯⑭千乘(shèng)国⑮,命妇⑯七香车⑰。
穿云采药闻仙犬⑱,踏雪寻梅⑲策⑳蹇(jiǎn)㉑驴。
玉兔㉒金乌㉓,二气㉔精灵㉕为日月;洛龟㉖河马㉗,五行㉘生克㉙在《图》㉚《书》㉛。

【注释】

①吾:我。　②汝:你。　③尔:你。　④余:我。
⑤选授:经过选定授予官职。　⑥升除:升职授官。除:拜官;授职。　⑦耒耜:古代耕地翻土的农具。也借指耕种。耒是耒耜的柄,耜是耒耜下端起土的部分。　⑧耰锄:耕种。　⑨参:即曾参,字子舆(yú),孔子弟子。鲁国南武城(今嘉祥)人。以孝著称。　⑩鲁:迟钝。　⑪回:即颜回,字子渊,孔子最得意的弟子。鲁国人。　⑫阀阅:祖先有功业的世家、巨室。　⑬阎闾:里巷内外的门。后多指里巷,也指平民。　⑭诸侯:古代帝王分封的各国君主。　⑮千乘国:拥有一千辆兵车的国家。乘:古代称四匹马拉的兵车一辆为一乘。　⑯命妇:封建时代受封号的妇人。　⑰七香车:用多种香料涂饰的车。　⑱犬:有的本子作"人"。　⑲踏雪寻梅:在雪地里探寻梅花。常用来指文人雅士借助美景激发诗思。　⑳策:用鞭子赶马等。　㉑蹇:跛(bǒ);瘸(qué)。　㉒玉兔:指月亮,古人认为月中有兔子。　㉓金乌:指太阳,古人认为太阳中有三足乌。　㉔二气:指阴和

阳,我国古代哲学指宇宙中贯通物质和人事的两大对立面。
㉕精灵:精怪。　㉖洛龟:古代传说夏禹时有神龟从洛水中出来,其背上有文字,称为《洛书》。　㉗河马:古代传说伏羲时有龙马从黄河中出来,其身上有八卦(guà)状的纹,称为《河图》。　㉘五行:指金、木、水、火、土五种物质。　㉙生克:相生相克,如木生火,水克火。　㉚《图》:指《河图》。　㉛《书》:指《洛书》。

【大意】

吾与汝对应,尔与余对应,选授与升除对应。

书箱与药柜对应,耒耜与穰锄对应。

曾参虽然迟钝,颜回并不愚蠢,阀阅与阎闾对应。

诸侯统治有一千辆兵车的国家,命妇乘坐用多种香料涂饰的车。

在高山上穿过云层采药,听到了仙犬的吠(fèi)叫声;骑着跛脚的驴子在雪地里探寻梅花。

玉兔和金乌,阴阳二气中的精气变化成为日月;洛水中的神龟和黄河中的龙马,五行间的相生相克载于《河图》和《洛书》中。

欹(qī)①对正,密对疏,囊橐(nángtuó)②对苞苴(bāojū)③。

罗浮④对壶峤(qiáo)⑤,水曲对山纡(yū)⑥。

骖(cān)⑦鹤驾⑧,侍⑨鸾舆(luányú)⑩,桀溺(jiénì)⑪对长沮(jǔ)⑫。

搏虎卞(biàn)庄子⑬,当⑭熊冯婕妤(jiéyú)⑮。

南阳高士⑯吟《梁父》⑰,西蜀才人⑱赋⑲《子虚》⑳。

三径㉑风光,白石黄花供杖履㉒;五湖㉓烟景㉔,青山绿水任㉕樵(qiáo)㉖渔㉗。

【注释】

①攲:歪斜;不正。　②囊橐:袋子。　③苞苴:用苇或茅编织成的包裹食品的用具。　④罗浮:山名。在广东增城、博罗、河源等之间。相传罗山之西有浮山,浮海而至,与罗山并为一体,故称。　⑤壶峤:方壶、员峤两座传说中的仙山的并称。　⑥纡:曲折;屈曲。　⑦骖:乘;驾驭。　⑧鹤驾:仙人的车驾。　⑨侍:陪伴;伺候。　⑩鸾舆:天子的乘舆。　⑪桀溺:春秋时期的一位隐士。　⑫长沮:春秋时期的一位隐士。　⑬卞庄子:鲁国大夫。食邑(yì)于卞,谥(shì)庄。以勇著名。曾搏杀两只老虎。　⑭当:阻挡;抵挡。　⑮冯婕妤:西汉上党潞(lù)县(今山西黎县)人。汉元帝时立为婕妤,受宠爱,后进为昭仪。　⑯南阳高士:指诸葛亮。见上卷"五微"第1段注㉒。　⑰《梁父》:指《梁父吟》,乐府楚调曲名。今所传古辞相传为诸葛亮所作。梁父:山名,在泰山下。　⑱西蜀才人:指汉代的司马相如。见上卷"六鱼"第1段注⑨。　⑲赋:我国古代的一种文体,是韵文和散文的综合体。这里指写赋。　⑳《子虚》:指《子虚赋》,司马相如作。　㉑三径:指归隐者的家园。　㉒杖履:指拄杖漫步。　㉓五湖:指太湖。也可指江南的五大湖。　㉔烟景:云烟缭(liáo)绕的景色。　㉕任:有的本子作"在"。　㉖樵:砍柴;打柴。也指以打柴为生的人。　㉗渔:捕鱼。也指以捕鱼为生的人。

【大意】

欹与正对应,密与疏对应,囊橐与苞苴对应。

罗浮与壶峤对应,水曲与山纡对应。

乘着仙人的车驾,陪侍天子的乘舆,桀溺与长沮对应。

卞庄子擅长搏杀老虎,冯婕好用身体挡熊。

南阳高士诸葛亮爱诵《梁父吟》,西蜀才子司马相如写作《子虚赋》。

隐居之地的风光,白石和黄花供隐居者拄着杖漫步欣赏;五湖云烟缭绕的景色,青山和绿水听任樵夫砍柴和渔翁捕鱼。

七 虞

【题解】

"七虞"的"七"是序号,"虞"是30个平声韵的代表字之一,表示与"虞"归于同一韵部的字。"七虞"中的"无""壶""湖""吴""珠""孤""图"等都是与"虞"同韵的字。

红对白,有对无,布谷①对提壶②。
毛锥(zhuī)③对羽扇④,天阙(què)⑤对皇都⑥。
谢蝴蝶(húdié)⑦,郑鹧鸪(zhègū)⑧,蹈海⑨对归湖⑩。
花肥⑪春雨润,竹瘦晚风疏⑫。
麦饭⑬豆糜(mí)⑭终创汉⑮,莼羹(chúngēng)鲈脍(lúkuài)⑯竟归吴⑰。
琴调⑱轻弹,杨柳月中潜⑲去听;酒旗⑳斜挂,杏花村㉑里共来沽(gū)㉒。

【注释】

①布谷:鸟名,即杜鹃,灰色,尾巴上有白色斑点,腹部有黑色

横纹。也叫杜宇或子规。　②提壶:鸟名。具体所指待考。　③毛锥:毛笔。　④羽扇:用长羽毛制成的扇子。　⑤天阙:天上的宫殿。　⑥皇都:京城;国都。　⑦谢蝴蝶:即谢逸,字无逸,自号溪堂,北宋抚州临川(今属江西)人。曾作蝴蝶诗三百余首,人称谢蝴蝶。　⑧郑鹧鸪:即郑谷,字守愚,唐袁州宜春(今属江西)人。曾任右拾遗、都官郎中,世称郑都官。所作《鹧鸪》诗为当时传诵,故又称郑鹧鸪。　⑨蹈海:跳海自杀。　⑩归湖:指辞官隐居湖上。　⑪花肥:花朵开得大而鲜艳。　⑫疏:通"梳",指梳理。　⑬麦饭:用麦屑(xiè)做的饭。　⑭豆糜:豆粥。　⑮创汉:这里指光武帝刘秀建立东汉。　⑯莼羹鲈脍:用莼做的羹汤和鲈鱼肉。后指因思乡而辞官。莼:一种多年生水草,叶片椭圆形,浮在水面,嫩叶可做汤菜。　⑰归吴:这里指晋朝人张翰(hàn)回到吴地家乡。　⑱琴调:琴所弹的调子。　⑲潜:专心。一说指暗中。　⑳酒旗:酒店所用的幌(huǎng)子,悬在门首,以招徕(lái)顾客。　㉑杏花村:指卖酒的地方。　㉒沽:买。

【大意】

红与白对应,有与无对应,布谷与提壶对应。

毛锥与羽扇对应,天阙与皇都对应。

谢蝴蝶,郑鹧鸪,蹈海与归湖对应。

春雨的滋润使花儿又大又艳,晚风的吹拂使竹子显得又细又瘦。

光武帝刘秀吃过麦屑做的饭,喝过豆粥,最终建立了东汉王朝;张翰想念家乡的莼菜羹汤和鲈鱼肉,竟然辞官回到吴地家乡。

杨柳下,月色中,专心听着轻轻弹奏的琴声;杏花村里斜挂着酒旗,大家一起来买酒。

罗①对绮(qǐ)②,茗(míng)③对蔬,柏秀④对松枯。
中元⑤对上巳(sì)⑥,返璧⑦对还珠。
云梦泽⑧,洞庭湖⑨,玉烛对冰壶⑩。
苍头⑪犀(xī)角带,绿鬓(bìn)⑫象牙梳。
松阴白鹤声相应,镜里青鸾(luán)⑬影不孤。
竹户⑭半开,对牖(yǒu)⑮不知人在否;柴关⑯深闭,停车还有客来无。

【注释】

①罗:质地轻软、上有稀孔的丝织品。　②绮:有花纹的丝织品。　③茗:原指茶树的嫩芽,今泛指喝的茶。　④秀:茂盛。　⑤中元:指农历七月十五日。旧时道观于这一天作斋醮(jiào),佛寺作盂(yú)兰盆会,民间也有祭祀(jìsì)亡故亲人等活动。也叫中元节。　⑥上巳:旧时以农历三月三日为上巳节。汉以前以农历三月上旬巳日为上巳节。　⑦璧:古代一种珍贵的玉器,扁圆形,中间有孔。　⑧云梦泽:古大泽名,在今湖北潜江市西南附近。　⑨洞庭湖:我国第二大淡水湖。在湖北北部,长江南岸。　⑩冰壶:盛冰的玉壶,常比喻清白廉洁。　⑪苍头:头发斑白,指年老的人。　⑫绿鬓:乌黑而有光泽的鬓发,形容年轻美貌。　⑬青鸾:传说中凤凰一类的神鸟。　⑭户:门。　⑮牖:窗户。　⑯关:门。

【大意】

罗与绮对应,茗与蔬对应,柏秀与松枯对应。
中元与上巳对应,返璧与还珠对应。

云梦泽,洞庭湖,玉烛与冰壶对应。

系着犀角带的白发老人,用象牙梳梳头的年轻女子。

白鹤在松荫(yīn)间鸣叫着互相应和,青鸾看着镜子里自己的影子不再觉得孤单。

竹门半开着,对面窗户里不知道有没有人在;柴门紧闭着,停下车不知还有没有客人要来。

宾对主,婢(bì)①对奴,宝鸭②对金凫(fú)③。

升堂④对入室⑤,鼓瑟(sè)⑥对投壶⑦。

觇(chān)⑧合璧⑨,颂联珠⑩,提瓮⑪对当垆(lú)⑫。

仰⑬高红日近,望远白云孤。

歆(xīn)向⑭秘书⑮窥二酉(yǒu)⑯,机云⑰芳誉⑱动三吴⑲。

祖饯(jiàn)⑳三杯,老去常斟(zhēn)㉑花下酒;荒田五亩,归来独荷㉒月中锄。

【注释】

①婢:婢女,旧时有钱人家雇来供使唤的女孩子。　②宝鸭:即香炉。因作鸭形,故称。　③金凫:凫形的香炉。凫:野鸭。　④升堂:登上厅堂,比喻学问技艺已入门。

⑤入室:进入室内,比喻学问技艺得到师传,造诣(yì)高深。

⑥鼓瑟:演奏瑟。瑟:古代一种像琴的弦乐器。　⑦投壶:古代举行宴会时的一种活动,宾主依次把箭投入壶中,投中多的为胜,少的罚酒。后也成为一种娱乐活动。　⑧觇:观测。　⑨合璧:两璧相合。比喻日月同升。　⑩联珠:指

五星联珠,即金、木、水、火、土五颗行星同时出现于一方。⑪瓮:一种盛东西的陶器,口小腹大。 ⑫当垆:指卖酒。垆:放置酒坛的土墩(dūn)。 ⑬仰:仰望。 ⑭歆向:指汉代的刘歆和他的父亲刘向。刘向本名更生,字子政,沛县(今属江苏)人。汉成帝时任光禄(lù)大夫及中垒校尉。曾校阅群书。刘歆字子骏,后改名秀,字颖叔。汉成帝时奉命与刘向领校官中藏书。 ⑮秘书:宫廷中的藏书。 ⑯二酉:指大酉山和小酉山。在今湖南沅(yuán)陵县西北。相传秦时小酉山的石洞中藏有书千卷。后指藏书多。 ⑰机云:指晋代的陆机与弟弟陆云。陆机字士衡,吴郡(jùn)华亭(今上海松江西)人。晋武帝时任祭(jì)酒。博学有见识。陆云字士龙,曾任浚(xùn)仪令。博学有才气,与陆机齐名,被称为"双陆"。 ⑱芳誉:美好的声誉。 ⑲三吴:地名,晋代指吴兴、吴郡、会稽。 ⑳祖饯:饯行,设酒食送行。 ㉑斟:往杯子、碗等容器里倒酒或茶。 ㉒荷:背;扛。

【大意】

宾与主对应,婢与奴对应,宝鸭与金凫对应。

升堂与入室对应,鼓瑟与投壶对应。

观察日月合璧,赞颂五星联珠,提瓮与当垆对应。

把头高高仰起,仿佛红日离自己很近;眺(tiào)望远处,白云显得十分孤独。

刘向和刘歆父子在宫廷中校阅众多的藏书,陆机和陆云兄弟美好的名声传遍三吴大地。

喝过三杯饯行的酒,此后随着年纪老去将常常在花下倒酒而饮;种着五亩荒田,独自在月下扛着锄头回家。

君对父,魏①对吴②,北岳③对西湖。

菜蔬对茶荈(chuǎn)④,苣(jù)藤⑤对菖蒲(chāng pú)⑥。

梅花数⑦,竹叶符⑧,廷议⑨对山呼⑩。

《两都》⑪班固⑫赋,《八阵》⑬孔明⑭图。

田庆紫荆⑮堂下茂,王裒(póu)⑯青柏墓前枯。

出塞⑰中郎⑱,羝(dī)⑲有乳时归汉室⑳;质秦太子㉑,马生角日返燕都。

【注释】

①魏:周朝诸侯国名,战国七雄之一,在今河南北部、陕西东部、山西西南部和河北南部等地。　②吴:周朝诸侯国名,在今江苏南部和浙江北部,后来扩展到淮河下游一带。　③北岳:指恒山,在今山西浑源县南。　④茶荈:泛指茶。荈:晚采的茶;有的本子作"淡"。　⑤苣藤:待考。似应作"苣胜",指芝麻。　⑥菖蒲:多年生草本植物,生长在水边,有香味,有剑一样狭长的叶子。　⑦梅花数:古代的一种占卜方法,相传由北宋的邵雍(yōng)发明。　⑧竹叶符:待考。似应作"竹使符",汉代分给郡(jùn)国守相的一种信符,削竹而成,长五寸,右半边留存宫廷,左半边交给郡国。　⑨廷议:在朝廷上商议或发表议论。　⑩山呼:封建时代对皇帝的祝颂仪式,叩头高呼"万岁"三次。　⑪《两都》:指《两都赋》,东汉史学家班固所作。　⑫班固:字孟坚,东汉扶风安陵(今陕西咸阳东北)人。所著《汉书》是中国历史上最早的一部断代史。　⑬《八阵》:指《八阵图》,古代用兵的

一种阵法,相传为诸葛亮所作。　⑭孔明:见上卷"五微"第1段注㉒。　⑮紫荆:落叶乔木或灌木,叶圆心形,春天开紫红色花,因似黄荆花而又深紫,故称。　⑯王裒:字伟元,晋时城阳营陵(今山东潍〔wéi〕坊南)人。隐居不仕,为人纯孝。　⑰塞:边界上可据以御敌的险要地方。　⑱中郎:指苏武,字子卿,西汉杜陵(今陕西西安东南)人。汉武帝时任中郎将,奉命出使匈奴,被扣留。匈奴多方诱降,又被迁至北海(今贝加尔湖)牧羊,始终不屈。　⑲羝:公羊。　⑳汉室:指汉朝。　㉑质秦太子:指战国时燕国的太子丹,姓姬(jī),名丹。曾被作为人质送居秦国,后逃归。质:留人质担保。

【大意】

君与父对应,魏与吴对应,北岳与西湖对应。

菜蔬与茶荈对应,苢藤与菖蒲对应。

梅花易数,用竹叶制作的符,廷议与山呼对应。

班固写作《两都赋》,孔明创作《八阵图》。

田庆家的紫荆树在堂前长得很茂盛,王裒父母墓前的柏树因为沾了太多王裒的泪水而枯萎(wěi)。

汉朝的中郎将苏武出使匈奴被扣留,要等公羊生出奶汁才允许他回到汉朝;在秦国当人质的燕太子丹,要等到马生出角才能返回燕国首都。

八　齐

【题解】

"八齐"的"八"是序号,"齐"是30个平声韵的代表字之一,表示与"齐"归于同一韵部的字。"八齐"中的"鸡""西""梨""栖""啼""迷""梯"等都是与"齐"同韵的字。

鸾(luán)[①]对凤,犬对鸡,塞北[②]对关西[③]。
长生对益智,老幼对旄倪(màoní)[④]。
颁竹策[⑤],剪桐圭(guī)[⑥],剥(pū)[⑦]枣对蒸梨。
绵[⑧]腰如弱柳[⑨],嫩手似柔荑(tí)[⑩]。
狡兔能穿[⑪]三穴隐,鹪鹩(jiāoliáo)[⑫]权[⑬]借一枝栖。
甪(lù)里[⑭]先生,策杖[⑮]垂绅[⑯]扶少主[⑰];於(yú)陵仲子[⑱],辟纑(pìlú)[⑲]织履[⑳]赖贤妻。

【注释】

①鸾:传说中凤凰一类的鸟。也泛指我国北部边疆地区。　②塞北:指长城以北地区。　③关西:指函谷关或潼(tóng)关以西的地区。　④旄倪:老人与小孩。旄:年老。倪:幼

儿。　⑤策:君主对臣下封土、授爵、免官或发布其他教令的文件。　⑥剪桐圭:指周成王把桐树叶剪成圭的形状封自己的弟弟。　⑦剥:通"扑",指击、打。　⑧绵:柔软。　⑨弱柳:指柳树。因柳条柔弱,故称。　⑩柔荑:比喻女子柔嫩的手。荑:植物刚长出的嫩叶芽。　⑪穿:挖掘;开凿。　⑫鹪鹩:鸟,身体小,羽毛赤褐(hè)色。所筑的巢(cháo)很精巧,故又叫巧妇鸟。鹩:有的本子作"鹊"。　⑬权:暂且;姑且。　⑭甪里:汉初隐士,姓周名术,字元道,河内轵(zhǐ)人。商山四皓(hào,隐居商山的四位老人)之一。　⑮策杖:拄着拐杖。策:拄着。　⑯垂绅:大带下垂。绅:古代士大夫腰部所束的大带子。　⑰少主:这里指汉朝太子刘盈,刘邦的儿子,即后来的汉惠帝。　⑱於陵仲子:即陈仲子,战国时齐国人。因居于於陵,故称。　⑲辟纑:把缉过的麻搓成线。　⑳履:鞋。

【大意】

鸾与凤对应,犬与鸡对应,塞北与关西对应。

长生与益智对应,老幼与旄倪对应。

颁发竹制的策书,把桐叶剪成圭状分封,剥枣与蒸梨对应。

绵软的腰肢就像柔弱的柳条,细嫩的手仿佛植物柔嫩的叶芽。

狡猾的兔子能挖三个洞用于藏身,鹪鹩只要借助一根树枝就可栖身。

甪里先生拄着拐杖、垂着大带辅佐太子刘盈;於陵仲子依靠贤惠的妻子搓麻线、自己编织草鞋来维持生活。

鸣对吠(fèi)①,泛②对栖,燕语③对莺(yīng)④啼。

珊瑚(shānhú)⑤对玛瑙(mǎnǎo)⑥,琥珀(hǔpò)⑦对玻璃。

绛(jiàng)县老⑧,伯州犁⑨,测蠡(lí)⑩对然犀(xī)⑪。

榆槐堪⑫作荫(yīn)⑬,桃李自成蹊(xī)⑭。

投巫⑮救女西门豹⑯,赁(lìn)浣(huàn)逢妻⑰百里奚(xī)⑱。

阙(què)里⑲门墙⑳,陋巷㉑规模㉒原不陋;隋堤㉓基址,迷楼㉔踪迹亦全迷。

【注释】

①吠:狗叫。　②泛:漂浮。　③燕语:燕子的鸣叫声。
④莺:鸟,身体小,嘴短而尖。叫声清脆。　⑤珊瑚:海洋中大量珊瑚虫(生活在海洋中的一种腔肠动物)的石灰质骨骼(gé)聚集而成的东西。颜色鲜艳,多为树枝状,可供观赏。
⑥玛瑙:一种矿物,有色泽鲜艳的条带或环纹,质地坚硬。可用来做装饰品。　⑦琥珀:由古代的松柏树脂形成的化石。淡黄色、褐(hè)色或红褐色的透明体,质脆,燃烧时有香气。
⑧绛县老:春秋时晋国绛县的一位老人,后泛指老年人。
⑨伯州犁:春秋时楚国大夫,本为晋国人,因父伯宗被杀,从晋国投奔楚国,任太宰。　⑩测蠡:"以蠡测海"的略语,指用瓢(piáo)来测量海水。比喻用浅陋的见识来揣(chuǎi)测。蠡:瓢。　⑪然犀:点燃犀牛角照水下之物,据传可以看到各种奇形怪状的东西。用来指一个人明察事物。然:即"燃"。
⑫堪:能;可。　⑬荫:树木枝叶在阳光下形成的阴影。
⑭蹊:小路。　⑮巫:以装神弄鬼、谎称能替人消病免灾为

职业的人。　⑯西门豹：战国时魏国人。姓西门，名豹。魏文侯时担任邺(yè，今河北临漳〔zhāng〕西南)令。　⑰赁浣逢妻：指雇用一个洗衣服的妇女，这个妇女竟是自己的妻子。赁：租用；雇工。浣：洗。　⑱百里奚：春秋时楚国宛(今河南南阳)人。秦穆公知道他贤能，用五张羊皮把他从楚国换回，任为大夫，世称"五羖(gǔ)大夫"。　⑲阙里：地名，相传是孔子授徒的地方。　⑳门墙：指师门。　㉑陋巷：简陋的巷子。这里指孔子弟子颜回居住的地方。　㉒规模：格局；场面；气势。　㉓隋堤：隋炀(yáng)帝开通济渠时筑的一段堤坝，堤旁筑有御道，并种植杨柳。　㉔迷楼：隋炀帝时在扬州建的一座楼，房屋众多，回环曲折，外人若进入，一整天都出不来，故称。

【大意】

鸣与吠对应，泛与栖对应，燕语与莺啼对应。

珊瑚与玛瑙对应，琥珀与玻璃对应。

绛县的一位老人，楚国太宰伯州犁，测蠡与燃犀对应。

榆树和槐树可形成树荫，桃树和李树下自然会形成小路。

西门豹把女巫投入水中，救下了无辜的女子；百里奚在雇用洗衣服的女子时，碰上了自己的妻子。

阙里的门墙，陋巷的格局原来并不简陋；隋堤的基址，迷楼的踪影，现在也全都消失不见了。

越①对赵②，楚③对齐④，柳岸对桃溪。

纱窗对绣户⑤，画阁⑥对香闺⑦。

修月斧⑧，上天梯，蝃蝀(dìdōng)⑨对虹霓(ní)⑩。

行乐⑪游春圃(pǔ)⑫,工谀(yú)⑬病⑭夏畦(qí)⑮。

李广⑯不封⑰空射虎⑱,魏明⑲得立⑳为存麑(ní)㉑。

按辔(pèi)徐行㉒,细柳㉓功成劳王㉔敬;闻声稍卧,临泾(jīng)㉕名震止儿啼。

【注释】

①越:周朝诸侯国名,原在今浙江东部一带,后扩展到江苏、山东。 ②赵:周朝诸侯国名,在今山西北部和中部、河北西部和南部。 ③楚:周朝诸侯国名,在今河南南部和安徽、江西、浙江、江苏、四川一带。 ④齐:周朝诸侯国名,在今山东北部和河北东南部。 ⑤绣户:雕绘华美的门户,多指妇女的居室。 ⑥画阁:有彩绘装饰的楼阁。 ⑦香闺:指年轻女子的内室。 ⑧修月斧:修治月亮的斧子。传说月亮由七宝合成,人间常有八万两千户对它进行修治。 ⑨蝃蝀:虹。 ⑩霓:大气中有时与虹同时出现的一种和虹相似的光环。也叫副虹。 ⑪行乐:消遣娱乐。 ⑫圃:种植花草、菜蔬、瓜果等的园地。 ⑬工谀:善于谄(chǎn)媚。工:擅长;善于。谀:谄媚。 ⑭病:疲惫。 ⑮夏畦:指夏天在田地里劳动。畦:田地。 ⑯李广:西汉陇(lǒng)西成纪(今甘肃秦安)人。汉武帝时任北平太守,以勇敢闻名,匈奴称之为"飞将军"。 ⑰不封:这里指没有封侯。

⑱射虎:指李广把一块大石头当成老虎,一箭射入石中。

⑲魏明:即魏明帝曹叡(ruì),字元仲,魏文帝曹丕的儿子。

⑳得立:指能够立为皇帝继承人。 ㉑存麑:这里指不愿射杀小鹿。麑:小鹿。 ㉒按辔徐行:扣紧马缰(jiāng)绳使马慢慢行走。辔:驾驭牲口用的嚼(jiáo)子和缰绳。徐:缓

慢。　㉓细柳:指细柳营,在今陕西咸阳市西南。汉文帝时在此屯军以防备匈奴。这里代指周亚夫,西汉初沛县(今属江苏)人。汉文帝时任将军,驻守细柳营。汉景帝时任太尉,平定吴楚七国之乱后任丞相。　㉔王:这里指汉文帝。㉕临泾:古县名,治今甘肃镇原。这里指唐代临泾镇将郝玼(cǐ),曾多次击败来犯的吐蕃(bō)人,以勇猛闻名。

【大意】

越与赵对应,楚与齐对应,柳岸与桃溪对应。

纱窗与绣户对应,画阁与香闺对应。

修治月亮的斧子,上天的梯子,蟢蛛与虹霓对应。

一个人想要消遣娱乐可于春天去园地里游玩,想要善于谄媚则比夏天在田里干活还要累。

李广空有射虎的本领,却一辈子都没有封侯;魏明帝之所以能当皇帝,是因为他不忍心射杀小鹿。

请皇帝的马车慢慢行走,细柳营守将周亚夫取得的成功使他赢得皇帝的尊敬;听到他的名字就会乖乖躺卧,临泾镇将郝玼名震吐蕃,甚至可以阻止小孩子啼哭。

九　佳

【题解】

"九佳"的"九"是序号,"佳"是30个平声韵的代表字之一,表示与"佳"归于同一韵部的字。"九佳"中的"钗（chāi）""淮""怀""柴""涯""埋""牌"等都是与"佳"同韵的字。

门对户①,陌②对街,枝叶对根荄（gāi）③。
斗鸡④对挥麈（zhǔ）⑤,凤髻（jì）⑥对鸾（luán）钗⑦。
登楚岫（xiù）⑧,渡秦淮⑨,子犯⑩对夫差⑪。
石鼎龙头缩,银筝（zhēng）⑫雁翅排。
百年诗礼⑬延余庆⑭,万里风云入壮怀⑮。
莫⑯辨名伦⑰,死矣野⑱哉悲季路⑲;不由径窦（dòu）⑳,生乎愚也有高柴㉑。

【注释】

①户:门。　②陌:田间的小路。　③根荄:植物的根。荄:草根。　④斗鸡:鸡与鸡搏斗,是古代的一种赌博游戏。

⑤挥麈:挥动麈尾。晋时人们崇尚清谈,常挥麈以助谈兴。麈:古书上指鹿一类的动物,尾巴可以做拂尘。　⑥凤髻:古代的一种发型。髻:盘挽在头顶或脑后的发结。　⑦鸾钗:鸾形的钗子。鸾:传说中凤凰一类的鸟。钗:旧时妇女别在发髻上用来固定发型的一种首饰。　⑧楚岫:楚地的山峦。岫:山。　⑨秦淮:即秦淮河,长江下游支流,在江苏西南部。　⑩子犯:即狐偃(yǎn),字子犯。晋文公重耳之舅,故称旧犯,一作咎犯。随重耳在外流亡十九年,后被任命为上军之将。　⑪夫差:吴王阖(hé)庐之子,即位后曾大败越王勾践。公元前473年越国攻吴,兵败自杀。　⑫筝:一种弦乐器,长形。也叫古筝。　⑬诗礼:《诗经》和三《礼》。泛指儒家经典。　⑭余庆:留给子孙的福泽。　⑮壮怀:豪壮的胸怀。也指豪情。　⑯莫:有的本子作"能"。　⑰名伦:名分伦常。　⑱野:粗野;蛮横粗鲁。　⑲季路:即子路,姓仲,名由,字子路或季路,鲁国卞邑(biànyì,今山东泗〔sì〕水)人。孔子的弟子。　⑳径窦:门路。径:小路。窦:孔;洞。　㉑高柴:孔子弟子,字子羔,卫国人。守礼,有孝行。

【大意】

门与户对应,陌与街对应,枝叶与根荄对应。

斗鸡与挥麈对应,凤髻与鸾钗对应。

登上楚地的山峦,渡过秦淮河,子犯与夫差对应。

石鼎上雕有缩着头的龙,银饰的筝上排列着大雁的羽翅。

长期受儒家思想熏陶的人家会给子孙留下福泽,豪壮的胸怀可以包罗万里风云。

不知道辨别名分伦常,粗鲁野蛮,惨遭杀害,这是子路的可悲之处;不从小路和孔洞中脱身,高柴虽然愚笨迟钝却得以保全。

冠①对履②，袜对鞋，海角③对天涯④。

鸡人⑤对虎旅⑥，六市⑦对三街⑧。

陈⑨俎(zǔ)豆⑩，戏⑪堆埋⑫，皎(jiǎo)皎⑬对皑(ái)皑⑭。

贤相⑮聚东阁⑯，良朋⑰集小斋⑱。

梦里山川书越绝⑲，枕边风月⑳记齐谐㉑。

三径㉒萧疏㉓，彭泽㉔高风㉕怡㉖五柳㉗；六朝㉘华贵㉙，琅玡(lángyá)㉚佳气㉛毓(yù)㉜三槐㉝。

【注释】

①冠：帽子。　②履：鞋。　③海角：本指突出于海中的狭长形陆地，常形容极远僻(pì)的地方。　④天涯：天边。指极远的地方。　⑤鸡人：周代官名，掌管供办鸡牲。凡举行大典，则报时以警夜。后指宫廷中专管报时的人。　⑥虎旅：指威武勇猛的军队。　⑦六市：指大街闹市。　⑧三街：泛指各街道。街：有的本子作"阶"。　⑨陈：陈设；摆出来。　⑩俎豆：俎和豆，古代举行祭祀(jìsì)、宴会时盛食物用的两种礼器。　⑪戏：玩耍。　⑫堆埋：指埋葬死人。　⑬皎皎：形容很白很亮。　⑭皑皑：形容霜、雪洁白。　⑮贤相：贤明的丞相。这里指公孙弘，西汉菑(zī)川(治今山东淄〔zī〕博市)薛人。因受汉武帝赏识，官至丞相。　⑯东阁：向东开的小门。后指丞相招引聚集宾客的地方。　⑰良朋：好朋友。　⑱斋：屋子。　⑲越绝：即《越绝书》，东汉袁康撰。记吴越两国的历史地理及伍子胥(xū)、子贡、范蠡(lí)等人的活动，多采传闻异说。　⑳风月：指男女间情爱的事情。　㉑齐谐：古代记述怪异之事的书。如《隋书·

经籍志》有东阳无疑先生《齐谐记》七卷,梁吴均有《续齐谐记》一卷。　㉒三径:指归隐者的家园。　㉓萧疏:寂寞;凄凉。　㉔彭泽:县名,属江西。晋代陶渊明曾任彭泽令。这里指陶渊明。见上卷"六鱼"第1段注⑱。　㉕高风:高尚的节操。　㉖怡:和悦;愉快。　㉗五柳:这里指陶渊明宅旁的五棵柳树。　㉘六朝:历史时期名。三国时的吴,东晋及南朝的宋、齐、梁、陈,都以建康(吴名建业,今江苏南京)为首都,合称六朝。　㉙华贵:豪华富贵。　㉚琅玡:地名。在今山东诸城市东南海滨。这里指东晋时的王氏家族。㉛佳气:和美祥瑞的云气。　㉜毓:养育。有的本子作"种"。㉝三槐:指三公一类的高级官位。

【大意】

冠与履对应,袜与鞋对应,海角与天涯对应。

鸡人与虎旅对应,六市与三街对应。

摆设俎豆礼器,做埋葬死人的游戏,皎皎与皑皑对应。

贤明的丞相在东阁聚集宾客,好朋友们在小斋一起相会。

《越绝书》中记述的是梦中见到的山川景物,《齐谐记》中描写的是男女枕边的情事。

隐士的家园荒凉寂寞,陶渊明有高尚的节操,以宅旁的五棵柳树怡悦性情;六朝豪华富贵,琅玡王氏家族和美祥瑞的云气使后代高官辈出。

勤对俭,巧对乖①,水榭(xiè)②对山斋③。

冰桃④对雪藕(ǒu)⑤,漏箭⑥对更牌⑦。

寒翠袖⑧,贵荆钗(chāi)⑨,慷慨对诙(huī)谐⑩。

竹径⑪风声籁(lài)⑫,花蹊(xī)⑬月影筛(shāi)⑭。

携囊(náng)⑮佳韵⑯随时贮(zhù)⑰,荷⑱锄沉酣(hān)⑲到处埋⑳。

江海孤踪㉑,雪浪风涛惊旅梦;乡关㉒万里,烟峦(luán)㉓云树㉔切㉕归怀㉖。

【注释】

①乖:机灵;伶俐(línglì)。　②水榭:建在水边或水上,供人游览远眺(tiào)的亭阁。　③山斋:山中的居室。斋:屋子。　④冰桃:待考。一说指像冰一样的仙桃。　⑤雪藕:洁白的莲藕。一说指西王母带给汉武帝的像雪一样白的莲藕。　⑥漏箭:古代用于计时的漏壶的部件,上面刻有时辰度数,随着水的升降以计时。　⑦更牌:古代夜间用来计时的工具。更:古代夜间的计时单位,一更约两个小时,一夜分为五更。　⑧翠袖:青绿色的衣袖。　⑨荆钗:用荆枝制作的髻(jì)钗。古代穷人家的女子常使用。　⑩诙谐:说话风趣幽默,引人发笑。　⑪径:狭窄的道路。　⑫籁:声响。　⑬蹊:小路。有的本子作"溪"。　⑭筛:这里指像筛子一样。　⑮囊:口袋。　⑯佳韵:指好的诗句。　⑰贮:储存;积存。　⑱荷:背;扛。　⑲沉酣:喝酒喝得酣畅。　⑳埋:这里指把自己埋葬。说的是魏晋时期刘伶醉酒的故事。　㉑孤踪:孤独的行踪。　㉒乡关:故乡。　㉓烟峦:烟雾笼罩(lǒngzhào)的山峦。　㉔云树:云雾缭(liáo)绕的树。　㉕切:急切;迫切。　㉖归怀:回家的心情。

【大意】

勤与俭对应,巧与乖对应,水榭与山斋对应。

冰桃与雪藕对应，漏箭与更牌对应。

青绿色衣袖的薄衣使人感到寒冷，敬重头插荆钗的穷困女子，慷慨与诙谐对应。

竹林间的小路上风声作响，两旁长满鲜花的小道上洒下细碎的月光。

随身携带布囊，想到好的诗句就写下来投入囊中；肩上扛着锄头，喝酒喝到沉醉而死就可随处埋葬。

一个人在茫茫江海上孤独地飘零，突然袭来的风浪惊醒了旅途中的睡梦；故乡在万里之遥，烟雾笼罩的山峦和云雾缭绕的树林让回家的心情变得更加迫切。

杞（qǐ）①对梓（zǐ）②，桧（guì）③对楷（jiē）④，水泊对山崖。

舞裙对歌袖⑤，玉陛（bì）⑥对瑶（yáo）阶⑦。

风入袂（mèi）⑧，月盈⑨怀，虎兕（sì）⑩对狼豺⑪。

马融⑫堂上帐，羊侃（kǎn）⑬水中斋⑭。

北面⑮黉（hóng）宫⑯宜拾芥（jiè）⑰，东巡⑱岱（dài）⑲畤（zhì）⑳定燔（fán）柴㉑。

锦缆（lǎn）㉒春江，横笛㉓洞箫（xiāo）㉔通碧落㉕；华灯㉖夜月，遗簪（zān）㉗堕翠㉘遍香街㉙。

【注释】

①杞：指杞柳，落叶灌木，叶子长椭圆形，开暗紫绿色花。

②梓：梓树，落叶乔木，叶子卵形，开淡黄色花。　③桧：常

绿乔木,幼树的叶子针状,大树的叶子鳞状,果实球形。也叫圆柏。 ④楷:楷树,落叶乔木,羽状复叶,结紫色的球形果实。也叫黄连木。 ⑤歌袖:唱歌者的衣袖。 ⑥玉陛:帝王宫殿的台阶。陛:宫殿的台阶。 ⑦瑶阶:玉砌(qì)的台阶。瑶:美玉。 ⑧袂:衣袖。 ⑨盈:满;充满。 ⑩兕:古代指雌性犀(xī)牛。 ⑪豺:一种哺乳类食肉动物,外形像狼而小,性凶猛。也叫豺狗。 ⑫马融:字季长,东汉扶风茂陵(今陕西兴平)人。曾任武都太守、南阳太守等职。精通经学和文学,门徒多至千人。 ⑬羊侃:字祖忻(xīn),泰山梁甫(今山东泰安东南)人。梁时曾任兖(yǎn)州刺史,封高昌县侯。 ⑭斋:屋子。 ⑮北面:面向北,指拜人为师。 ⑯黉宫:学宫,古代的学校。 ⑰拾芥:拾取小草,比喻极为容易。芥:小草。 ⑱巡:指天子出行视察。 ⑲岱:即泰山。 ⑳畤:古代帝王祭祀(jìsì)天地五帝的场所。 ㉑燔柴:古代祭天仪式,把玉帛、牺牲等放在积柴上焚烧。 ㉒锦缆:色彩鲜艳的缆绳。缆:系船的粗绳。 ㉓横笛:即今七孔横吹的笛子,与直着吹的古笛相对而言。 ㉔洞箫:古代用竹管编排而成的箫称为排箫,排箫以蜂蜡封底,不封底的称为洞箫。 ㉕碧落:天空;青天。 ㉖华灯:雕饰精美或灯光灿烂的灯。 ㉗簪:簪子,别住发髻(jì)使不散乱的一种首饰,条状,用金属、玉石等制成。 ㉘翠:翡(fěi)翠,一种天然矿石。 ㉙香街:繁华的街道。

【大意】

杞与梓对应,桧与楷对应,水泊与山崖对应。

舞裙与歌袖对应,玉陛与瑶阶对应。

风吹入衣袖,月照满胸怀,虎兕与狼豺对应。

马融讲学时在堂上陈设绛(jiàng)纱帐,羊侃用两条船在水中搭起屋子。

进入学宫拜师学习,获取官位就像捡起小草一样容易;帝王向东巡视泰山时,一定会在祭祀场所焚烧玉帛、牺牲以祭祀天地五帝。

春天的江上,船缆色彩鲜艳,人们吹着横笛洞箫,声音高入云霄(xiāo);夜晚的月色下,灯火灿烂,繁华的大街上到处是人们不慎掉落的簪子和翡翠。

十　灰

【题解】

"十灰"的"十"是序号,"灰"是30个平声韵的代表字之一,表示与"灰"归于同一韵部的字。"十灰"中的"哀""才""开""来""腮""梅""栽"等都是与"灰"同韵的字。

春对夏,喜对哀,大手①对长才②。
风清③对月朗④,地阔⑤对天开。
游阆(làng)苑⑥,醉蓬莱(pénglái)⑦,七政⑧对三台⑨。
青龙壶老⑩杖,白燕⑪玉人⑫钗(chāi)⑬。
香风⑭十里望仙阁⑮,明月一天⑯思子台⑰。
玉橘(jú)冰桃⑱,王母⑲几因求道⑳降;莲舟㉑藜(lí)杖㉒,真人㉓原为读书来。

【注释】

①大手:高手,指工于文辞的名家。　②长才:优异的才能。
③风清:风轻柔而凉爽。　④朗:明亮。　⑤阔:宽广。

⑥阆苑：阆风之苑，传说中仙人的居处。阆：阆风，即阆风巅，在昆仑之巅，传说是神仙居住的地方。　⑦蓬莱：即蓬莱山，古代传说中的神山名。　⑧七政：日、月和金、木、水、火、土五星。　⑨三台：指灵台、时台和囿(yòu)台。灵台用来观察天文，时台用来观察四时变化，囿台用来观察鸟兽鱼鳖。　⑩壶老：指壶公，传说中的仙人，据传他有一个小小的药壶，跳入壶中，便另有天地日月。　⑪白燕：白色的燕子。据称有神女送汉武帝玉钗，后化为白燕飞去。　⑫玉人：指美貌的女子。　⑬钗：旧时妇女别在发髻(jì)上用来固定发型的一种首饰。　⑭香风：带有香气的风。　⑮望仙阁：南朝陈后主在宫中所造的楼阁，供贵妃居住。　⑯一天：满天。　⑰思子台：汉武帝时所建的思子宫中的台，全称"归来望思之台"，用来纪念因冤自杀的太子刘据。　⑱冰桃：见上卷"九佳"第3段注④。　⑲王母：见上卷"五微"第3段注⑭。　⑳求道：这里指汉武帝好神仙之术，常祈祷(qídǎo)名山大川以求神仙。　㉑莲舟：采莲的船或以莲花为船。具体所指待考。　㉒藜杖：藜做的拐杖。这里指传说中汉代刘向在晚上读书，有一位老人点燃藜杖的一端为他照明。藜：一年生草本植物，茎粗壮，直立，叶子略呈三角形。老茎可做拐杖。也叫灰菜。　㉓真人：泛指仙人。

【大意】

春与夏对应，喜与哀对应，大手与长才对应。

风清与月朗对应，地阔与天开对应。

游览阆风之苑，陶醉于蓬莱山中，七政与三台对应。

壶公的青竹杖能变化为龙，神女的玉钗竟变成了白燕。

望仙阁的香气能飘出十里之远，思子台笼罩(lǒngzhào)在明亮的月光之中。

送来玉橘和冰桃,西王母因为汉武帝祈求神仙而几次降临;坐着莲舟点燃藜杖,真人原来是为了帮助他人读书而前来。

朝(zhāo)①对暮②,去对来,庶(shù)矣③对康哉④。
马肝⑤对鸡肋(lèi)⑥,杏眼⑦对桃腮⑧。
佳兴⑨适⑩,好怀开⑪,朔(shuò)⑫雪对春雷。
云移鸡(zhī)鹊观⑬,日晒凤凰台⑭。
河边淑气⑮迎芳草⑯,林下轻风待落梅。
柳媚⑰花明,燕语莺(yīng)⑱声浑⑲是笑;松号⑳柏舞,猿啼鹤唳(lì)㉑总成哀。

【注释】
①朝:早晨。　②暮:傍晚。　③庶矣:人口众多。
④康哉:指天下太平。　⑤马肝:马的肝。相传马肝有毒,吃了会导致死亡。　⑥鸡肋:鸡的肋骨,比喻没有多大意思,但又不忍舍弃的事物。　⑦杏眼:指女子像杏核那样大而圆的眼睛。　⑧桃腮:形容女子粉红色的脸颊(jiá)。
⑨佳兴:好的兴致。　⑩适:满足。　⑪好怀开:指心情十分畅快。　⑫朔:北方。　⑬鸡鹊观:汉武帝时建的宫观,在长安甘泉宫外。　⑭凤凰台:台名。在江苏南京市。另在湖北鄂(è)城县东也有凤凰台,建于三国时。　⑮淑气:温和之气。　⑯芳草:香草。　⑰媚:美好;可爱。
⑱莺:鸟,身体小,嘴短而尖,叫声清脆。　⑲浑:全;满。
⑳号:大风发出巨响;呼啸。　㉑唳:鸟类鸣叫。

【大意】

朝与暮对应,去与来对应,庶矣与康哉对应。

马肝与鸡肋对应,杏眼与桃腮对应。

好的兴致得到满足,心情十分畅快,朔雪与春雷对应。

鹁鹊观上云彩飘移,凤凰台上阳光明媚。

河边的温暖之气迎接香草生长,树林下轻轻刮过的风等待梅花落下。

美丽的柳树,明艳的鲜花,燕子和莺的叫声听上去都是笑声;松树在风中呼啸,柏枝乱舞,猿啼鹤鸣都充满了哀愁。

忠①对信②,博对赅(gāi)③,忖度(cǔnduó)④对疑猜。香消⑤对烛暗,鹊喜对蛩(qióng)哀⑥。金花报⑦,玉镜台⑧,倒斝(jiǎ)⑨对衔杯⑩。岩巅⑪横老树,石磴(dèng)⑫覆苍苔(tái)⑬。雪满山中高士⑭卧,月明林下美人来。绿柳沿堤,皆因苏子⑮来时种;碧桃⑯满观⑰,尽是刘郎⑱去后栽。

【注释】

①忠:赤诚无私,尽心尽力。 ②信:诚实;不虚假。 ③赅:齐全;完备。 ④忖度:推测;估计。 ⑤香消:香燃掉一部分或燃尽。也比喻女子消瘦或死亡。 ⑥蛩哀:蟋蟀(xīshuài)的哀叫声。蛩:蟋蟀的别名。 ⑦金花报:待考。一说指古代中状元者报喜的家信,唐宋时期有一种金花

帖子,上面有科举考试登第者的名字,贴有金花,故称。　⑧玉镜台:玉制的镜台,晋时温峤(qiáo)娶妻时作为聘礼。　⑨斝:古代盛酒的器皿,三足,两柱,圆口。　⑩衔杯:口衔酒杯,指喝酒。　⑪巅:顶。　⑫磴:山路上的石级,泛指石头台阶。　⑬苍苔:即青苔,生长在阴湿地方的绿色苔藓(xiǎn)植物。　⑭高士:指隐居不仕者或修炼者。　⑮苏子:即苏轼(shì),字子瞻,号东坡居士,眉山(今属四川)人。曾任杭州知州、礼部尚书等职。其文汪洋恣(zì)肆,为唐宋八大家之一。苏轼任杭州知州时,曾疏浚(jùn)西湖,堆泥为堤(即苏堤),堤上种满桃柳。　⑯碧桃:桃树的一种,花重瓣(bàn),不结实,供观赏和药用。一名千叶桃。　⑰观:这里指玄都观,唐时长安的一座道观。　⑱刘郎:即刘禹锡,唐代诗人。字梦得,洛阳(今属河南)人。曾任监察御史、太子宾客、检校礼部尚书。

【大意】

忠与信对应,博与赅对应,忖度与疑猜对应。

香消与烛暗对应,鹊喜与蛩哀对应。

报喜的金花帖,用作嫁妆的玉镜台,倒斝与衔杯对应。

岩石顶部横生着一棵老树,石头台阶上长满了青苔。

积雪满山,山中有高士酣(hān)睡;月照树林,林下有美人前来。

沿堤都是翠绿的柳树,它们都是苏轼任杭州知州时所种;玄都观中种满了碧桃,它们都是刘禹锡离开后所栽。

十一真

【题解】

"十一真"的"十一"是序号,"真"是30个平声韵的代表字之一,表示与"真"归于同一韵部的字。"十一真"中的"贫""民""珍""仁""伦""陈""神"等都是与"真"同韵的字。

莲对菊,凤对麟(lín)①,浊富②对清贫③。
渔庄④对佛舍⑤,松盖⑥对花茵(yīn)⑦。
萝(luó)月叟⑧,葛天民⑨,国宝对家珍。
草迎金埒(liè)马⑩,花醉玉楼人。
巢(cháo)燕⑪三春⑫尝⑬唤友,塞鸿⑭八月始来宾⑮。
古往今来,谁见泰山曾作砺(lì)⑯;天长地久⑰,人传沧海⑱几扬尘。

【注释】

①麟:麒(qí)麟,传说中一种象征吉祥的动物,形状像鹿,头上有角,尾像牛尾,全身有鳞甲。 ②浊富:不义而富。

③清贫:贫穷(旧时多形容读书人)。 ④渔庄:打鱼的人居住的村庄。 ⑤佛舍:寺庙,供奉佛的处所。 ⑥松盖:指松树枝叶茂密,状如伞盖。 ⑦花茵:指花开得很繁盛,像垫子一样。茵:垫子;褥(rù)子。 ⑧萝月叟:月光中藤萝下的老人。萝:一种蔓(màn)生植物,缘其他物体而生,枝体下垂如丝状。叟:老人。 ⑨葛天民:葛天氏治理下的民众。葛天:即葛天氏,传说中的远古帝名。 ⑩金埒马:指名贵的马匹。金埒:用钱币编成边界的骑马射箭场。埒:矮墙。 ⑪巢燕:巢里的燕子。 ⑫三春:春季的三个月,也单指春季的第三个月。 ⑬尝:通"常"。 ⑭塞鸿:边塞的大雁。鸿:大雁。 ⑮宾:作客;客居。 ⑯砺:磨刀石。 ⑰天长地久:与天和地存在的时间一样长,形容永久不变。 ⑱沧海:大海。因水深而呈青绿色,故称。沧:青绿色。

【大意】

莲与菊对应,凤与麟对应,浊富与清贫对应。

渔庄与佛舍对应,松盖与花茵对应。

月光中藤萝下的老人,葛天氏治理下的民众,国宝与家珍对应。

用草迎接名贵的马,美丽的鲜花使玉楼上的人陶醉。

巢中的燕子经常在春季呼唤朋友,边塞上的大雁要到八月份才飞到南方作客。

古往今来,谁见过泰山曾经变得像磨刀石一样窄;天长地久,有人传言大海已经好几次变干扬起尘土。

兄对弟,吏①对民,父子对君臣。
勾丁②对甫甲③,赴卯④对同寅⑤。

折桂⑥客,簪(zān)花⑦人,四皓(hào)⑧对三仁⑨。

王乔⑩云外⑪舄(xì)⑫,郭泰⑬雨中巾⑭。

人交好友求三益⑮,士⑯有贤妻备五伦⑰。

文教⑱南宣⑲,武帝⑳平蛮㉑开㉒百越㉓;义旗㉔西指,韩侯㉕扶汉卷㉖三秦㉗。

【注释】

①吏:旧时泛指官员。　②勾丁:待考。　③甫甲:待考。　④赴卯:上班。卯:旧时官府从卯时(五至七点)开始上班,称为点卯。　⑤同寅:同僚;同事。　⑥折桂:科举考试时登第。　⑦簪花:戴花。古代凡遇典礼、宴会、佳节,男女都要戴花。　⑧四皓:即商山四皓,汉初隐居商山的四位老人。　⑨三仁:商朝的三位有仁德的人,分别是微子、箕(jī)子和比干。　⑩王乔:河东(治今山西夏县)人。汉明帝时任叶县令。史称有神异之术。　⑪云外:高空。　⑫舄:古代一种底上垫有木板的鞋。也泛指鞋。　⑬郭泰:也叫郭太,字林宗,东汉时太原界休(今山西介休)人。博学有才,擅长议论。晚年在故乡讲学,有弟子数千人。　⑭雨中巾:指郭泰外出时碰上下雨,所戴头巾的一角往下陷,人们争相仿效,称为"林宗巾"。　⑮三益:指三种有益的朋友,包括正直的朋友、诚信的朋友、见闻广博的朋友。　⑯士:旧指读书人。　⑰五伦:旧指君臣、父子、兄弟、夫妇、朋友之间五种伦理关系。　⑱文教:指礼乐法度,文章教化。　⑲南宣:宣传到南方。　⑳武帝:指汉武帝刘彻。在位期间实行"独尊儒术"的政策,多次发兵进击匈奴,解除了匈奴对北

部边境的威胁。　㉑蛮：我国古代对南方各民族的泛称。
㉒开：开发；拓展。　㉓百越：我国古代南方越人的总称。分布在今浙、闽、粤、桂等地，因部落众多，故称。　㉔义旗：为正义而战的或起义的军队的旗帜。　㉕韩侯：指淮阴侯韩信。善于用兵，曾辅佐刘邦打败项羽。被封为齐王、楚王等。
㉖卷：包括全部。　㉗三秦：秦朝灭亡后，项羽把关中分为三部分，分别由三个王统治，合称三秦。

【大意】

兄与弟对应，吏与民对应，父子与君臣对应。

勾丁与甫甲对应，赴卯与同寅对应。

科举及第的考生，戴花的人，四皓与三仁对应。

王乔乘坐的野鸭从高空落下后变成了鞋，郭泰被雨淋湿的头巾的形状被众人模仿。

人结交好朋友是希望获得正直、诚信、见闻广博三个方面的益处；读书人娶了贤惠的妻子就能处理好君臣、父子、兄弟、夫妇、朋友五种伦常关系。

汉武帝平定南方各民族，开发越人居住区，使文明教化宣传到了南方；淮阴侯韩信率领起义队伍向西挺进，帮助汉高祖刘邦占领了三秦地区。

　　申①对午②，侃（kǎn）③对訚（yín）④，阿魏⑤对茵（yīn）陈⑥。

　　楚兰⑦对湘芷（zhǐ）⑧，碧柳对青筠（yún）⑨。

　　花馥（fù）馥⑩，叶榛（zhēn）榛⑪，粉颈对朱唇。

　　曹公⑫奸似鬼，尧帝⑬智如神。

南阮才郎羞北富⑭,东邻丑女效西颦(pín)⑮。

色艳北堂⑯,草号忘忧⑰忧甚事;香浓南国⑱,花名含笑⑲笑何人。

【注释】

①申:地支的第九位。　②午:地支的第七位。　③偘:刚强正直。　④訚:说话和悦而持正不阿(ē)。　⑤阿魏:多年生多汁草本植物,开黄色小花。可入药。　⑥茵陈:即茵陈蒿(hāo),多年生草本植物,开黄色花。嫩茎、叶可入药。⑦兰:兰花,多年生草本植物,叶子丛生,长条形,春季开花,气味芳香,可供观赏。　⑧芷:白芷,多年生草本植物,开伞形白花,果实长椭圆形,根可入药。　⑨青筠:青竹。筠:竹子。⑩馥馥:形容香气很浓。　⑪蓁蓁:草木茂盛的样子。⑫曹公:即魏武帝曹操,字孟德,沛国谯(qiáo)县(今安徽亳〔bó〕州)人。东汉末年曾任丞相,后封魏王。　⑬尧帝:见上卷"二冬"第3段注㉑。　⑭南阮才郎羞北富:晋时阮籍与阮咸有才华,住在路南,其他姓阮的人住在路北;路北的人富,路南的人穷,但南阮的才子让北阮的富人感到害羞。羞:有的本子作"差"。　⑮东邻丑女效西颦:村东的丑女仿效村西的美女皱眉头,即"东施效颦"。颦:皱眉头。　⑯北堂:指母亲居住的地方。　⑰忘忧:指萱(xuān)草,多年生草本植物,叶子细长,开橙红色或黄红色的花,可供观赏。⑱南国:泛指我国南方。　⑲含笑:即含笑花,常绿灌木,叶椭圆形至倒卵形,初夏开花,有香蕉(jiāo)气味,可供观赏。

【大意】

申与午对应,偘与訚对应,阿魏与茵陈对应。

楚兰与湘芷对应,碧柳与青筠对应。

花香浓郁,枝叶茂盛,粉颈与朱唇对应。

曹操像鬼一样奸诈,帝尧像神灵一样有智慧。

南阮的才子让北阮的富人感到害羞,村东的丑女仿效村西的美女皱眉头。

北堂的忘忧草颜色鲜艳,还有什么事值得忧愁呢;南方的含笑花香气浓烈,它笑的又是什么人呢。

十二文

【题解】

"十二文"的"十二"是序号,"文"是30个平声韵的代表字之一,表示与"文"归于同一韵部的字。"十二文"中的"欣""芹""云""分""勋""闻""君"等都是与"文"同韵的字。

忧对喜,戚(qī)①对欣②,五典③对三坟④。

佛经对仙语,夏耨(nòu)⑤对春耘(yún)⑥。

烹(pēng)⑦早韭,剪春芹,暮雨对朝(zhāo)⑧云。

竹间斜白接⑨,花下醉红裙⑩。

掌握⑪灵符⑫五岳箓(lù)⑬,腰悬宝剑七星⑭纹。

金锁⑮未开,上相⑯趋⑰听宫漏⑱永⑲;珠帘⑳半卷,群僚㉑仰对御炉㉒熏。

【注释】

①戚:忧愁;悲伤。　②欣:喜悦;快乐。　③五典:传说中指少昊(hào)、颛顼(zhuānxū)、高辛、唐、虞的图书。五:有的本子作"二"。　④三坟:传说中指伏羲、黄帝、神农的

图书。　　⑤耨：除草。　　⑥耘：除去田里的杂草。　　⑦烹：一种做菜的方法，先用热油略炒，然后加调味品迅速翻动，随即盛出。　　⑧朝：早晨。　　⑨白接：即白接篱（lí），用白鹭（lù）的羽毛装饰的帽子。　　⑩红裙：这里指穿红裙子的女子。　　⑪掌握：手中握着。　　⑫符：道士所画的一种既像文字又像图形的东西，声称凭借它可以役使鬼神。　　⑬五岳箓：指可以召唤五岳（东岳泰山、西岳华山、南岳衡山、北岳恒山、中岳嵩〔sōng〕山）之神的符箓。　　⑭七星：二十八宿（xiù）之一，有星七颗。　　⑮金锁：指皇宫大门上的锁。　　⑯上相：指宰相。　　⑰趋：古代的一种礼节，以小步快走表示敬意。　　⑱宫漏：古代宫中的计时器，用铜壶滴漏，故称。　　⑲永：水流长；长。　　⑳珠帘：用珍珠缀（zhuì）成的帘子。　　㉑群僚：百官。　　㉒御炉：帝王所用的香炉。

【大意】

忧与喜对应，戚与欣对应，五典与三坟对应。

佛经与仙语对应，夏耨与春耘对应。

烹炒早晨割来的韭菜，剪来春天的芹菜，暮雨与朝云对应。

竹林中有名士歪戴着白接篱，花下醉卧着穿红裙的美人。

手中握着可以召唤五岳神灵的符箓，腰间挂着饰有七星图案的宝剑。

皇宫的大门还未打开，宰相快步向前，倾听宫漏中不断传出的滴水声；珍珠帘子半卷着，百官们仰头对着御炉中飘出的香雾。

词①对赋②，懒对勤，类聚③对群分④。

鸾箫（luánxiāo）⑤对凤笛，荇草⑥对香芸（yún）⑦。

燕许⑧笔,韩柳⑨文,旧话⑩对新闻。

赫赫⑪周⑫南仲⑬,翩(piān)翩⑭晋⑮右军⑯。

六国说成⑰苏子⑱贵,两京⑲收复郭公⑳勋㉑。

汉阙(què)㉒陈书㉓,侃(kǎn)侃㉔忠言推贾谊㉕;唐廷㉖对策㉗,岩岩㉘直谏(jiàn)㉙有刘蕡(fén)㉚。

【注释】

①词:一种诗歌体裁,起源于唐代,盛行于宋代,句式、韵律、字数等均有相应规定,需按谱填写。　②赋:我国古代的一种文体,是韵文和散文的综合体,盛行于汉魏六朝。　③类聚:以类相聚。　④群分:按照种类区分。　⑤鸾箫:箫的美称。　⑥带草:待考。　⑦香芸:芸香一类的香草,俗呼七里香。有异香,能辟蠹(dù)虫。　⑧燕许:唐玄宗时,燕国公张说、许国公苏颋(tǐng)都以文章闻名,当时称为"燕许大手笔"。　⑨韩柳:指唐代文学家韩愈和柳宗元。
⑩旧话:以前说过的话题。　⑪赫赫:显赫盛大的样子。
⑫周:朝代名。公元前1046—前256年,姬(jī)发所建。
⑬南仲:周宣王时的大臣,曾率军征伐徐淮、猃狁(xiǎnyǔn)。
⑭翩翩:形容举止潇洒。　⑮晋:朝代名。公元265—420年,司马炎所建。包括西晋和东晋。　⑯右军:指王羲之,字逸少,琅玡(lángyá)临沂(yí,今属山东)人。官至右军将军、会稽内史,人称王右军。其书法博采众长,自成一家,对后世影响极大。　⑰六国说成:指说服战国时楚国、齐国、赵国、韩国、魏国、燕国六个国家联合起来对付秦国。　⑱苏子:即苏秦,字季子,战国时东周洛阳(今河南洛阳东)人。游

说六国对付秦国,出任纵约长,并任六国宰相。　⑲两京:指长安和洛阳。　⑳郭公:指郭子仪,唐时华州郑县(今陕西华县)人。安史之乱时,任卫尉卿兼朔(shuò)方节度使,受诏征讨,收复了长安和洛阳。唐肃宗时任中书令,封汾阳郡(jùn)王。　㉑勋:特殊的功劳。　㉒汉阙:汉代的宫廷。阙:古代宫殿门前两边供瞭望的楼台,泛指帝王的住所。㉓陈书:向皇帝上书陈述事件。　㉔侃侃:从容不迫、理直气壮的样子。　㉕贾谊:西汉洛阳(今属河南)人。汉文帝时任太中大夫。曾多次上书议论时政。　㉖唐廷:唐朝的宫廷。　㉗对策:始于汉代的一种取士考试的形式,就政事、经义设问,由应试者回答。　㉘岩岩:威严的样子。㉙直谏:直言劝谏。　㉚刘蒉:字去华,唐代昌平(今属北京)人。曾在考试时抨(pēng)击宦(huàn)官。

【大意】

词与赋对应,懒与勤对应,类聚与群分对应。

鸾箫与凤笛对应,带草与香芸对应。

燕国公和许国公的大手笔,韩愈和柳宗元的文章,旧话与新闻对应。

周朝的南仲战功赫赫,晋代的王羲之举止潇洒。

成功地让六国联合起来对付秦国,苏秦因此而地位尊贵;收复长安和洛阳,这是郭子仪的特殊功劳。

在汉朝的宫廷中上书陈述,理直气壮地发表忠诚言论的要数贾谊;在唐朝的宫廷中提出建议,义正辞严、直言劝谏的有刘蒉。

言①对笑,绩②对勋③,鹿豕(shǐ)④对羊羵(fén)⑤。

星冠⑥对月扇⑦,把袂(mèi)⑧对书裙⑨。

汤⑩事⑪葛⑫,说(yuè)⑬兴殷⑭,萝(luó)⑮月对松云⑯。

西池⑰青鸟使⑱,北塞⑲黑鸦军⑳。

文武成康㉑为一代㉒,魏㉓吴㉔蜀汉㉕定三分。

桂苑㉖秋宵㉗,明月三杯邀曲㉘客;松亭夏日,薰(xūn)风㉙一曲奏桐君㉚。

【注释】

①言:说。　②绩:功业;成果。　③勋:特殊的功劳。　④豕:猪。　⑤羵:即羵羊,古代传说指土中所生的精怪。　⑥星冠:道士所戴的帽子。　⑦月扇:团扇。因形如满月,故称。　⑧把袂:拉着衣袖。把:握;执。袂:袖子。　⑨书裙:在衣裙上写字。裙:古代指下身穿的衣服。　⑩汤:又称武汤、武王、天乙、成汤,或称成唐。商朝的建立者。　⑪事:供奉;侍奉。　⑫葛:古国名。在今河南睢(suī)县北。一说在河南郾(yǎn)城北。　⑬说:指傅说,出身寒微,商王武丁任他为相,国家因此大治。　⑭殷:朝代名。公元前1300—前1046年,商朝的后期,是盘庚迁都于殷(今河南安阳西北小屯村)后改用的称号。　⑮萝:蔓(màn)生植物,色青灰,常攀援松柏或其他乔木而生。　⑯松云:青松和白云。　⑰西池:西方的瑶(yáo)池,据传是西王母居住的地方。　⑱青鸟使:传说中为西王母取食的鸟。　⑲北塞:即塞北,指北部边境。　⑳黑鸦军:待考。一说指五代时李克用统领的部队,因军人都穿黑衣,故称。据《新五代史·唐本纪》载,李克用骁(xiāo)勇善战,人称"李鸦儿",他统领的

军队称为"鸦儿军"。　㉑文武成康：指西周的周文王、周武王、周成王、周康王。　㉒代：朝代。　㉓魏：三国之一，公元220—265年，曹丕所建。大部在中国北方。　㉔吴：三国之一，公元222—280年，孙权所建。在今长江中下游和东南沿海一带。　㉕蜀汉：三国之一，公元221—263年，刘备所建。在今四川东部、重庆和云南、贵州北部及陕西汉中一带。　㉖桂苑：种植桂树的园林。　㉗宵：夜晚。　㉘曲：酒。　㉙薰风：和暖的风。这里指《南风歌》，相传由舜所作。　㉚桐君：琴的别称。

【大意】

言与笑对应，绩与勋对应，鹿豕与羊羵对应。

星冠与月扇对应，把袂与书裙对应。

商汤帮助葛国，傅说振兴商朝，萝月与松云对应。

西方瑶池的青鸟使者，北部边境的黑鸦军。

周文王、周武王、周成王和周康王时期是太平盛世，魏国、吴国和蜀国三分天下。

秋天的夜晚，桂树园中，喝酒的人邀请明月来喝三杯；夏天，在松树环绕的亭子里，用古琴演奏一曲《南风歌》。

十三元

【题解】

"十三元"的"十三"是序号,"元"是30个平声韵的代表字之一,表示与"元"归于同一韵部的字。"十三元"中的"门""屯""尊""村""孙""恩""根"等都是与"元"同韵的字。

卑①对长②,季③对昆④,永巷⑤对长门⑥。

山亭对水阁⑦,旅舍对军屯⑧。

杨子渡⑨,谢公墩(dūn)⑩,德重⑪对年尊⑫。

承乾⑬对出震⑭,叠坎⑮对重坤⑯。

志士⑰报君思犬马⑱,仁王⑲养老⑳察鸡豚(tún)㉑。

远水平沙㉒,有客泛舟㉓桃叶渡㉔;斜风细雨,何人携榼(kē)㉕杏花村㉖。

【注释】

①卑:位置或地位低下。　②长:长辈;首领。　③季:在兄弟排行次序中位于第四或最小的。　④昆:哥哥。

⑤永巷:宫中官署名,掌管后宫人事。　⑥长门:汉代宫名,汉武帝的陈皇后失宠后居住于长门宫。后指失宠女子居住的宫院。　⑦水阁:临水的楼阁。　⑧军屯:指驻扎的军队。屯:军队驻扎。　⑨杨子渡:即扬子渡,古渡口名。在今江苏江都县南。　⑩谢公墩:山名。在今江苏江宁县城北。东晋的谢安曾在此山中居住。　⑪德重:因道德高尚而受人尊重。　⑫年尊:年高;年长。　⑬承乾:指上承乾(☰)卦(guà),是《周易》中的一种卦形。　⑭出震:"帝出乎震"的缩略,指造物者使万物产生于震位。震:八卦之一,代表东方。　⑮叠坎:指两个坎(☵)卦上下相叠。　⑯重坤:指两个坤(☷)卦上下相叠。　⑰志士:有远大志向的人。　⑱犬马:指像狗和马一样尽力。　⑲仁王:有仁爱之心的君主。　⑳养老:赡(shàn)养老人。　㉑察鸡豚:指观察鸡和猪的活动,以免它们影响老人。豚:猪。　㉒平沙:广阔的沙滩。　㉓泛舟:坐船浮于水面。　㉔桃叶渡:渡口名。在今江苏南京市秦淮河畔。相传因东晋的王献之在此唱歌送他的妾桃叶而得名。　㉕榼:古代盛酒的器皿。　㉖杏花村:指卖酒的地方。

【大意】

卑与长对应,季与昆对应,永巷与长门对应。

山亭与水阁对应,旅舍与军屯对应。

扬子渡,谢公墩,德重与年尊对应。

承乾与出震对应,叠坎与重坤对应。

有志之士准备像狗和马一样报答君主的恩德,仁爱的君主赡养老人会细心观察鸡和猪的活动规律。

远处的水面,广阔的沙滩,有人在桃叶渡乘船游玩;斜刮的风,细密的雨,是谁带着盛酒的器皿来到了杏花村。

君对相①,祖对孙,夕照②对朝暾(zhāotūn)③。
兰台④对桂殿⑤,海岛对山村。
碑堕泪⑥,赋招魂⑦,报怨⑧对怀恩⑨。
陵埋金吐气⑩,田种玉⑪生根。
相府珠帘⑫垂白昼,边城⑬画角⑭动黄昏。
枫叶半山,秋去烟霞⑮堪⑯倚杖;梨花满地,夜来风雨不开门。

【注释】

①相:宰相,百官之长。　②夕照:傍晚的太阳。　③朝暾:早晨的太阳。暾:刚出来的太阳;有的本子作"曛(xūn)"。　④兰台:汉代宫廷内收藏图书的地方。　⑤桂殿:指后妃所住的深宫。　⑥碑堕泪:指堕泪碑,纪念晋代羊祜(hù)的碑,因当时见到此碑的人都会流泪,故称。　⑦赋招魂:指《招魂》赋,《楚辞》篇名。一说屈原所作,一说战国时宋玉所作。　⑧报怨:报复仇怨。　⑨怀恩:感念恩德。　⑩陵埋金吐气:在金陵埋金是因为这个地方显示帝王之气。吐:呈露,显现;一说指散发、发出。　⑪种玉:传说洛阳人杨伯雍(yōng)种下别人送他的一些小石子,后来长出了美玉。　⑫珠帘:用珍珠缀(zhuì)成的帘子。　⑬边城:边境的城市。　⑭画角:古管乐器,传自西羌(qiāng)。用竹木或皮革等制成,形如竹筒,因表面有彩绘,故称。古时军中多用来振士气,肃军容。　⑮烟霞:指山水美景。　⑯堪:能;可以。

【大意】

君与相对应,祖与孙对应,夕照与朝暾对应。

兰台与桂殿对应,海岛与山村对应。

纪念羊祜的碑使人堕泪,用赋来招魂,报怨与怀恩对应。

在金陵埋金是因为此地显示帝王之气,把玉种入田中居然生出了根。

宰相府中的珍珠帘子大白天静静地垂挂着,边境城市的画角在黄昏时吹响。

秋天即将过去,那半山枫叶的美景值得挂杖观赏;夜间刮风下雨,落了一地梨花,只好闭门不出。

十四寒

【题解】

"十四寒"的"十四"是序号,"寒"是30个平声韵的代表字之一,表示与"寒"归于同一韵部的字。"十四寒"中的"安""官""盘""弹""冠""丹""看"等都是与"寒"同韵的字。

家对国,治①对安,地主②对天官③。

坎男④对离女⑤,周诰(gào)⑥对殷盘⑦。

三三⑧暖,九九⑨寒,杜撰⑩对包弹⑪。

古壁蛩(qióng)⑫声匝(zā)⑬,闲亭⑭鹤影单。

燕出帘边春寂寂⑮,莺(yīng)⑯闻枕上漏⑰珊(shān)珊⑱。

池柳烟飘⑲,日夕⑳郎㉑归青琐闼(suǒtà)㉒;砌(qì)㉓花雨过,月明人倚玉栏杆。

【注释】

①治:社会安定;太平。　②地主:管理土地的神。　③天

官:道教信奉的三官(天官、地官、水官)之一。 ④坎男:八卦(guà)中的坎(☵)卦,因属于阳卦(指三画中只有一个阳爻〔yáo〕),所以称为坎男。 ⑤离女:八卦中的离(☲)卦,因属于阴卦(指三画中只有一个阴爻),所以称为离女。 ⑥周诰:指《尚书·周书》中的《大诰》《康诰》《酒诰》《召(shào)诰》《洛诰》等篇。诰:周朝最高统治者对臣僚的训语。 ⑦殷盘:指《尚书·商书》中的《盘庚》篇。 ⑧三三:指农历三月三日上巳(sì)节,古人认为天气从这一天开始变暖。 ⑨九九:指农历九月九日重阳节,古人认为天气从这一天开始变冷。 ⑩杜撰:虚构;没有根据地编造。 ⑪包弹:批评;指责。 ⑫蛩:蟋蟀(xīshuài)。 ⑬匝:环绕。 ⑭闲亭:没有人的亭子。 ⑮寂寂:寂静无声;冷清。 ⑯莺:鸟,身体小,嘴短而尖。叫声清脆。种类很多。 ⑰漏:指漏壶,我国古代用来计时的器具。 ⑱珊珊:缓慢的样子。 ⑲烟飘:这里指柳絮飘舞如烟。 ⑳日夕:傍晚。 ㉑郎:指青琐郎,即黄门侍郎,官名。 ㉒青琐闼:官门。借指皇宫、朝廷。 ㉓砌:台阶。

【大意】

家与国对应,治与安对应,地主与天官对应。

坎男与离女对应,周诰与殷盘对应。

三月初三天气开始转暖,九月初九天气开始变冷,杜撰与包弹对应。

蟋蟀的鸣声环绕着古旧的墙壁,无人的亭子里有一只孤独的鹤。

燕子从帘子边飞出,春天寂寞冷清;靠着枕头听莺的叫声,感觉漏壶滴水的速度极其缓慢。

池塘边的柳树旁飘扬着如烟的柳絮,天色已晚,黄门侍郎要回到宫中;台阶上的花被雨淋过,明月下,有人正倚着玉栏杆观赏。

肥对瘦,窄对宽,黄犬对青鸾(luán)①。
指环对腰带,洗钵②对投竿③。
诛佞(nìng)④剑,进贤冠⑤,画栋⑥对雕栏⑦。
双垂白玉箸(zhù)⑧,九转⑨紫金丹⑩。
陕右⑪棠⑫高怀召(shào)伯⑬,河南花满⑭忆潘安⑮。
陌⑯上芳春⑰,弱柳⑱当风⑲披⑳彩线;池中清晓㉑,碧荷承露捧㉒珠盘。

【注释】

①青鸾:传说中凤凰一类的神鸟。　②钵:一种陶制的盆状器具。　③投竿:指垂钓、钓鱼。　④佞:善于用花言巧语奉承别人的人。　⑤进贤冠:古代儒者所戴的一种帽子。　⑥画栋:有彩绘装饰的栋梁。　⑦雕栏:雕花彩饰的栏杆。　⑧白玉箸:佛教称人死后下垂的鼻涕,认为是成佛的象征。　⑨九转:九次提炼。　⑩紫金丹:古人指吃了可以长生的丹药。　⑪陕右:陕以西的地方。陕:古地名,在今河南陕县。　⑫棠:棠梨,杜梨的古称。落叶乔木,叶子长圆形或菱(líng)形,开白色花。果实也叫杜梨,球形。　⑬召伯:即召公奭(shì),姓姬(jī),名奭。因食邑(yì)于召,故称召公。曾辅佐周武王灭商。封于燕,是燕国始祖。周成王时任太保,负责治理陕以西的地方。　⑭河南花满:指潘安任河阳县令时在境内种满桃李。　⑮潘安:即潘岳,字安仁,晋时荥(xíng)

阳中牟(今属河南)人。曾任给事黄门侍郎。博学有才气。
⑯陌:指道路。 ⑰芳春:春天。 ⑱弱柳:柳树,因柳条柔弱,故称。 ⑲当风:正对着风;迎风。 ⑳披:分;分散。 ㉑清晓:清晨;早晨。 ㉒捧:仰承。

【大意】

肥与瘦对应,窄与宽对应,黄犬与青鸾对应。

指环与腰带对应,洗钵与投竿对应。

诛杀奸佞的宝剑,进贤冠,画栋与雕栏对应。

鼻中垂下两根白玉箸,经过九次提炼的仙丹。

看到陕以西的地方高高的棠树,人们就会怀念召伯;看到河阳县遍地的鲜花,人们就会回忆潘安。

春天的路上,柳条在风的吹拂下像披散的彩线;清晨的池塘中,承接着露珠的碧绿荷叶仿佛仰承着珍珠的盘子。

行对卧,听对看,鹿洞对鱼滩。
蛟(jiāo)①腾对豹变②,虎踞(jù)③对龙蟠(pán)④。
风凛(lǐn)凛⑤,雪漫漫⑥,手辣⑦对心酸。
莺(yīng)莺对燕燕⑧,小小⑨对端端⑩。
蓝水⑪远从千涧(jiàn)⑫落,玉山⑬高并两峰寒。
至圣⑭不凡,嬉(xī)戏⑮六龄⑯陈⑰俎(zǔ)豆⑱;老莱(lái)⑲大孝,承欢⑳七秩㉑舞斑斓(lán)㉒。

【注释】

①蛟:蛟龙,古代传说中能发洪水的一种龙。 ②豹变:指豹身上的花纹变美。 ③踞:蹲伏。 ④蟠:盘绕;盘曲。

⑤凛凛:寒冷。　　⑥漫漫:无边无际的样子。　　⑦手辣:手段毒辣。　　⑧莺莺对燕燕:莺莺和燕燕都是人名,而莺善鸣叫,燕善舞蹈,常用来比喻歌姬(jī)、舞女等。　　⑨小小:即苏小小,南北朝时期的著名歌妓,生活在钱塘(即今浙江杭州)。　　⑩端端:即李端端,唐代名妓。　　⑪蓝水:蓝田县境内的水流。蓝田在陕西西安市东部。　　⑫涧:山间的水沟。　　⑬玉山:山名。在蓝田县境内。　　⑭至圣:指孔子,名丘,字仲尼,春秋时期鲁国陬邑(zōuyì,今山东曲阜[fù])人。儒家学说的创始人。他的思想主要记载在《论语》一书中。　　⑮嬉戏:游戏;玩耍。　　⑯龄:岁数。　　⑰陈:安放;摆设。　　⑱俎豆:俎和豆,古代祭祀(jìsì)、宴饮时盛食物用的两种礼器。　　⑲老莱:即老莱子,春秋末年楚国隐士。　　⑳承欢:指侍奉父母使感到欢喜。　　㉑秩:十年。有的本子作"衮(gǔn)"。但"七衮"所指不够明晰。　　㉒舞斑斓:指老莱子穿着彩色的衣服在父母面前跳舞以让他们高兴。斑斓:灿烂多彩。

【大意】

行与卧对应,听与看对应,鹿洞与鱼滩对应。

蛟腾与豹变对应,虎踞与龙蟠对应。

寒风凛冽(liè),大雪弥漫,手辣与心酸对应。

莺莺与燕燕对应,小小与端端对应。

远处众多溪涧的水流汇成蓝水,玉山的两座山峰并肩高耸充满寒意。

孔子非同寻常,6岁的时候就与小伙伴们玩摆设俎豆的游戏;老莱子孝顺之极,70岁了还身穿彩衣在父母面前跳舞以使他们高兴。

十五删

【题解】

"十五删"的"十五"是序号,"删"是30个平声韵的代表字之一,表示与"删"归于同一韵部的字。"十五删"中的"闲""关""弯""顽""间""蛮""颜"等都是与"删"同韵的字。

林对坞(wù)①,岭对峦(luán)②,昼永③对春闲④。

谋深⑤对望重⑥,任大⑦对途艰⑧。

裙袅(niǎo)袅⑨,佩⑩珊(shān)珊⑪,守塞⑫对当关⑬。

密云千里合,新月一钩弯。

叔宝⑭君臣皆纵逸⑮,重华⑯父母是嚚(yín)顽⑰。

名动帝畿(jī)⑱,西蜀⑲三苏⑳来日下㉑;壮游㉒京洛㉓,东吴㉔二陆㉕起云间㉖。

【注释】

①坞:四周高、中央凹的地方。 ②峦:小而尖的山,泛指山。 ③昼永:白天很长。永:长久。 ④春闲:指春天

比较空闲。　⑤谋深:考虑得深入周密。　⑥望重:名望很大。　⑦任大:责任重大。　⑧途艰:路途艰险。途:有的本子作"投"。　⑨袅袅:形容细长柔软的东西摆动。⑩佩:古时系在衣带上的装饰品。　⑪珊珊:玉佩撞击发出的声音。　⑫塞:边界上可据以御敌的险要地方。　⑬当关:守关。关:古代在交通要道、险要之处或边境出入口设置的防卫处所。　⑭叔宝:即陈后主陈叔宝,字元秀,南朝陈的末代皇帝。在位时追求享乐,不理政事。　⑮纵逸:放纵荒淫。　⑯重华:即舜。见上卷"二冬"第3段注⑳。⑰嚚顽:愚昧顽钝。　⑱帝畿:指京都或京都及附近地区。⑲西蜀:今四川省。因古为蜀地,在西方,故称。　⑳三苏:指宋代的苏洵(xún)和儿子苏轼(shì)、苏辙(zhé)。　㉑日下:指京都。古代以帝王比日,称帝王的所在地为日下。㉒壮游:怀抱壮志而远游。　㉓京洛:洛阳的别称。因东周、东汉都在此建都,故称。　㉔东吴:泛指古吴地,大约相当于今江苏、浙江两省东部地区。　㉕二陆:指西晋时的陆机和陆云兄弟。见上卷"七虞"第3段注⑰。　㉖云间:松江县(今属上海市)的古称。

【大意】

林与坞对应,岭与峦对应,昼永与春闲对应。

谋深与望重对应,任大与途艰对应。

裙子轻柔地摆动,玉佩发出叮当的撞击声,守塞与当关对应。

千里内密云聚合,天上的新月像弯弯的钩子。

南朝陈后主和他的臣子都放纵荒淫,虞舜的父母愚昧顽钝。

西蜀的苏洵、苏轼、苏辙父子来到京城,他们的名声传遍了大街小巷;东吴的陆机和陆云胸怀大志,从云间到洛阳远游。

临①对仿，吝（lìn）②对悭（qiān）③，讨逆④对平蛮⑤。
忠肝对义胆⑥，雾鬓（bìn）⑦对云鬟（huán）⑧。
埋笔冢（zhǒng）⑨，烂柯（kē）⑩山，月貌⑪对天颜⑫。
龙潜终得跃，鸟倦亦知还。
陇（lǒng）树⑬飞来鹦鹉（yīngwǔ）绿⑭，湘筠（yún）⑮密处鹧鸪（zhègū）斑⑯。
秋露横江，苏子⑰月明游赤壁⑱；冻云⑲迷岭⑳，韩公㉑雪拥㉒过蓝关㉓。

【注释】

①临：比照着字画描摹（mó）。　②吝：吝啬（sè），对自己的财物过分爱惜，该用时舍不得用。　③悭：吝啬。　④讨逆：讨伐叛逆。　⑤平蛮：平定蛮族的叛乱。蛮：我国古代对南方各民族的泛称。　⑥忠肝对义胆：忠肝和义胆都指非常忠诚。　⑦雾鬓：浓密秀美的头发。　⑧云鬟：高耸的发髻（jì）。　⑨埋笔冢：也叫"退笔冢"，隋代智永禅（chán）师埋葬毛笔头的地方。冢：坟墓。　⑩烂柯：斧头柄朽烂，比喻世事变幻不定。柯：斧头的柄。　⑪月貌：像月一样的容貌，形容女子美丽的面容。　⑫天颜：帝王的容颜。　⑬陇树：陇山一带的树木。泛指边塞之树。陇：陇山，六盘山南段的别称。　⑭鹦鹉绿：指绿色的鹦鹉。　⑮湘筠：指湘妃竹，也叫斑竹。竹子的一种，茎上有紫褐（hè）色的斑点。湘：有的本子作"池"。筠：竹子。　⑯鹧鸪斑：羽毛有斑的鹧鸪。鹧鸪：鸟，身上羽毛黑白两色相杂。　⑰苏子：指苏轼（shì）。见上卷"十灰"第3段注⑮。　⑱赤

壁：山名，即今湖北武汉市赤矶(jī)山。公元前208年，孙权与刘备联军在此打败曹操。这里指湖北黄冈市西北江滨的山，苏轼误以为是发生赤壁之战的地方。　⑲冻云：严冬的阴云。云：有的本子作"雪"。　⑳岭：这里指秦岭，横贯中国中部、东西走向的山。　㉑韩公：即韩愈，字退之，唐代河阳（今属河南）人。也称韩昌黎、韩文公。曾任刑部侍郎、吏部侍郎等职。被列为唐宋八大家之首。　㉒拥：阻塞。　㉓蓝关：即蓝田关，在今陕西蓝田县东南。

【大意】

临与仿对应，吝与悭对应，讨逆与平蛮对应。

忠肝与义胆对应，雾鬓与云鬟对应。

埋笔头的坟墓，发生斧头柄朽烂之事的山，月貌与天颜对应。

潜入深渊的龙最终会跃上天空，倦飞的鸟也知道归巢(cháo)。

陇山的树上飞来了绿色的鹦鹉，密密的湘妃竹林里有羽毛带斑的鹧鸪。

秋天的露水滴落江面，苏轼在月明之夜游览赤壁；严冬的阴云笼罩(lǒngzhào)秦岭，韩愈踏着厚厚的积雪经过蓝关。

下 卷

一 先

【题解】

"一先"的"一"是序号,"先"是30个平声韵的代表字之一,表示与"先"归于同一韵部的字。"一先"中的"年""烟""天""坚""仙""千""边"等都是与"先"同韵的字。

寒对暑,日对年,蹴(cù)鞠①对秋千。

丹山对碧水,淡雨②对轻③烟。

歌宛转④,貌婵(chán)娟⑤,雪赋⑥对云笺(jiān)⑦。

荒芦⑧栖南雁⑨,疏柳噪(zào)⑩秋蝉。

洗耳⑪尚逢高士⑫笑,折腰⑬肯受小儿⑭怜。

郭泰⑮泛舟⑯,折角半垂⑰梅子雨⑱;山涛⑲骑马,接篱(lí)⑳倒着(zhuó)㉑杏花天㉒。

【注释】

①蹴鞠:中国古代的足球运动,起源于战国时期。 ②淡雨:小雨;毛毛雨。 ③轻:有的本子作"覃(tán)"。

④宛转:即婉转,指抑扬起伏,十分动听。　⑤婵娟:姿态美好。　⑥赋:我国古代的一种文体,是韵文和散文的综合体。有的本子作"鼓"。　⑦云笺:有云状花纹的纸。　⑧荒芦:荒凉的芦苇丛。　⑨南雁:南飞的大雁。　⑩噪:虫或鸟乱叫。　⑪洗耳:指尧时的许由因不愿当官,去颍(yǐng)水边洗耳朵,表示请他当官的话把他的耳朵弄脏了。　⑫高士:志行高洁的人。这里指巢(cháo)父,尧时隐士,他曾嘲笑许由。　⑬折腰:这里指晋代的陶渊明不愿为五斗米的俸禄(fènglù)而向上司弯腰。　⑭小儿:对人的蔑称。　⑮郭泰:见上卷"十一真"第2段注⑬。　⑯泛舟:坐船游玩。　⑰折角半垂:这里指头上戴的头巾遇雨塌下一角。　⑱梅子雨:即黄梅雨,春末夏初我国长江中下游一带下的雨。因这个时候正值梅子成熟变黄,故称。　⑲山涛:字巨源,晋时河内怀县(今河南武陟〔zhì〕西南)人。曾任尚书侍中,加散骑常侍,负责吏部。好老庄之学,是著名的"竹林七贤"之一。　⑳接篱:指白接篱,以白鹭(lù)的羽毛为装饰的帽子。　㉑着:这里指戴。　㉒杏花天:杏花开放的时节,指春天。

【大意】

寒与暑对应,日与年对应,蹴鞠与秋千对应。

丹山与碧水对应,淡雨与轻烟对应。

歌声婉转动听,面貌体态美好,雪赋与云笺对应。

南飞的大雁栖息在荒凉的芦苇丛中,秋天的知了在稀疏的柳枝上乱叫。

去水中洗耳朵以表示不求名利反而遭到高士的讥笑,怎么能向小人弯腰以获得对方的怜悯呢。

郭泰在梅雨季节坐船游玩,头巾因被雨淋湿而塌下一角;山涛在春天里骑马出行,头上倒戴着白接篱。

轻对重,脆对坚,碧玉①对青钱②。
郊寒③对岛瘦④,酒圣⑤对诗仙⑥。
依玉树⑦,步金莲⑧,凿井对耕田。
杜甫⑨清宵⑩立,边韶⑪白昼眠。
豪饮客吞杯底月⑫,酣(hān)游⑬人醉水中天。
斗草⑭青郊⑮,几行宝马嘶(sī)⑯金勒⑰;看花紫陌⑱,千里香车⑲拥翠钿(diàn)⑳。

【注释】

①碧玉:矿物名。含铁的石英石,呈红色、褐(hè)色或绿色。可做装饰品。一说指人名。 ②青钱:用青铜制成的钱。一说指人名。 ③郊寒:指孟郊的诗给人以清寒冷峻的感觉。郊:孟郊,字东野,唐代湖州武康(今浙江德清)人。曾任河南水陆转运从事。其诗感伤遭遇,多寒苦之音。 ④岛瘦:贾岛的诗给人以瘦硬的感觉。岛:贾岛,字浪仙,一作阆(làng)仙,唐代范阳(治今河北涿〔zhuō〕州)人。曾任长江主簿、普州司仓参军。其诗喜描写荒凉枯寂之境,多寒苦之辞。 ⑤酒圣:豪饮的人。一说指晋代的刘伶(líng),一说指唐代的杜甫。 ⑥诗仙:指李白。见上卷"五微"第1段注⑲。 ⑦玉树:美丽的树,常比喻人品或长相好的少年。 ⑧步金莲:在用金子凿成的莲花上行走。 ⑨杜甫:字子美,曾自称少陵野老。祖籍襄阳(今属湖北),生于巩县(今属河南)。因曾被荐为检校工部员外郎,世称杜工部。宋以后被尊为诗

圣。 ⑩清宵:寂静的晚上。宵:夜晚。 ⑪边韶:字孝先,陈留浚(xùn)仪(今河南开封)人。东汉桓帝时曾任北地太守、尚书令等职。才思敏捷,以文章知名。 ⑫杯底月:指映在酒杯底的月亮。杯:有的本子作"波"。 ⑬酣游:沉湎于游玩。 ⑭斗草:也叫斗百草,一种古代游戏,竞争采摘花草,比多寡优劣。 ⑮青郊:绿色的郊野。 ⑯嘶:马叫。 ⑰勒:套在牲畜头上带嚼(jiáo)子的笼(lóng)头。 ⑱紫陌:京城郊野的道路。 ⑲香车:华美的车。 ⑳翠钿:用翠玉制成的首饰。这里代指贵族妇女。

【大意】

轻与重对应,脆与坚对应,碧玉与青钱对应。

郊寒与岛瘦对应,酒圣与诗仙对应。

倚靠着美丽的树,在用金子凿成的莲花上行走,凿井与耕田对应。

杜甫在寂静的夜晚独自站立,边韶曾在大白天睡觉。

月亮映在满满的酒杯中,豪爽的客人把它一饮而尽;水中倒映着天空,沉湎于游玩的人陶醉其中。

一群人骑着骏马来到绿色的郊野玩斗百草的游戏,他们拉住金色的马笼头,马发出嘶叫声;一辆辆华丽的车子排成长长的队列,载着满身珠翠的贵族妇女,她们将到京城的郊外赏花。

吟①对咏②,授③对传④,乐矣⑤对凄然⑥。
风鹏⑦对雪雁⑧,董杏⑨对周莲⑩。
春九十⑪,岁三千⑫,钟鼓对管弦⑬。
入山逢宰相⑭,无事即神仙⑮。

霞映武陵⑯桃淡淡,烟⑰荒⑱隋堤⑲柳绵绵⑳。

七碗月团㉑,啜(chuò)㉒罢清风㉓生腋(yè)㉔下;三杯云液㉕,饮余红雨㉖晕㉗腮(sāi)㉘边。

【注释】

①吟:有节奏地诵读(诗文)。 ②咏:依照一定的声调缓慢地诵读。 ③授:把知识、技艺等教给别人。 ④传:把知识、本领等教给别人。 ⑤乐矣:高兴的样子。 ⑥凄然:悲伤难过的样子。 ⑦风鹏:随风飞翔的大鹏。也比喻得时势有作为的人。 ⑧雪雁:雪中的大雁。 ⑨董杏:董奉的杏树。董:董奉,字君异,三国时侯官(治今福建福州)人。擅长医术,凡经他治好的病人,不收费用,只要求他们种杏树。 ⑩周莲:周敦颐的莲花。周:指周敦颐,字茂叔,北宋时道州营道(今湖南道县)人。曾任大理寺丞、国子博士。后人也称他为濂(lián)溪先生。曾作《爱莲说》。 ⑪春九十:指春季为九十天。 ⑫岁三千:指寿达三千岁,比喻长寿。 ⑬管弦:管乐器和弦乐器。 ⑭宰相:我国古代辅助君主掌管国事的最高官员。这里指晋代的道士陶弘景,有"山中宰相"之称。 ⑮神仙:神话传说中的人物,也是道教信仰的人物,神通广大,变化无穷,可以长生不老。 ⑯武陵:郡(jùn)名,汉初设置,治义陵(今湖南溆浦〔xùpǔ〕南)。 ⑰烟:指烟状物,如云、雾等。 ⑱荒:掩盖。 ⑲隋堤:隋炀(yáng)帝时开通济渠,渠广四十步,筑有御道,并种杨柳,后人称为隋堤。 ⑳绵绵:连续不断的样子。 ㉑月团:团茶的一种。 ㉒啜:喝;饮。 ㉓清风:微风;凉风。 ㉔腋:上肢和肩膀相连处的内侧呈窝状的部分。 ㉕云液:

古代扬州名酒。也泛指美酒。　㉖红雨:像桃花一样红色的雨。这里指红色。　㉗晕:指泛起淡红色。　㉘腮:脸颊(jiá)的下半部。

【大意】

吟与咏对应,授与传对应,乐矣与凄然对应。

风鹏与雪雁对应,董杏与周莲对应。

春季共九十天,寿达三千岁,钟鼓与管弦对应。

进山碰到宰相,没有烦心事即是神仙。

彩霞映照着武陵郡淡淡的桃花,缭(liáo)绕的云雾笼罩(lǒng zhào)着隋堤上连绵不断的柳树。

喝完七碗月团茶,感觉腋下生出凉风;饮完三杯云液酒,腮边泛起淡淡的红色。

中对外,后对先,树下对花前。

玉柱①对金屋②,叠嶂(zhàng)③对平川④。

孙子策⑤,祖生鞭⑥,盛席⑦对华筵(yán)⑧。

醉解知茶力⑨,愁消识酒权⑩。

丝剪菱(jì)荷⑪开冻沼(zhǎo)⑫,锦妆凫(fú)雁⑬泛⑭温泉。

帝女⑮衔石,海中遗魄为精卫⑯;蜀王⑰叫月,枝上游魂化杜鹃⑱。

【注释】

①柱:有的本子作"树"。　②金屋:华美的屋子。　③叠

嶂：山峰重叠。嶂：像屏障一样直立高耸的山峰。　　④平川：广阔平坦的地方。　　⑤孙子策：指孙子所著的《孙子兵法》，是中国现存最早的兵书，也是世界现存最古老的军事著作。孙子：即孙武，字长卿，春秋末期齐国人。曾在吴王阖（hé）庐时任将，大破楚军。　　⑥祖生鞭：指怕祖生走在自己的前头。常用来勉励人努力进取。祖生：即祖逖（tì），字士稚（zhì），晋时范阳遒（qiú，今河北涞〔lái〕水北）人。曾任奋威将军、豫州刺史，主持北伐，收复了黄河以南地区。　　⑦盛席：丰盛的酒席。　　⑧华筵：盛大的酒席。筵：酒席。　　⑨醉解知茶力：酒醉解除才知道茶对解酒的作用。现代观点则认为茶无助于解酒。　　⑩酒权：指酒的功效、作用。　　⑪丝剪芰荷：把丝绸剪成菱（líng）角和荷花的形状。芰：菱角。　　⑫冻沼：结冰的水池。沼：天然的水池。　　⑬锦妆凫雁：用锦缎（duàn）制成野鸭和大雁的形状。凫：野鸭。　　⑭泛：漂浮。　　⑮帝女：指炎帝的女儿，传说她名叫女娃，去东海游玩时被淹死。　　⑯精卫：传说中的一种鸟，由女娃死后的魂魄变成。　　⑰蜀王：指杜宇，传说中古代蜀国国王，后化为杜鹃鸟。　　⑱杜鹃：鸟，灰色，尾巴上有白色斑点，腹部有黑色横纹。也叫布谷、杜宇或子规。

【大意】

中与外对应，后与先对应，树下与花前对应。

玉柱与金屋对应，叠嶂与平川对应。

孙子的兵法，祖逖执鞭先行，盛席与华筵对应。

酒醉解除才知道茶有解酒的作用，忧愁消除才明白酒对解愁的功效。

凿开结冰的水池，把丝绸剪成菱角和荷花的形状加以装饰；用锦缎制成野鸭和大雁的形状,让它们在温泉池中漂浮。

炎帝的女儿在东海中淹死,其魂魄化为精卫鸟,口衔石块来填海;蜀王杜宇的游魂化为杜鹃鸟,在树枝上对着月亮鸣叫。

二 萧

【题解】

"二萧"的"二"是序号,"萧"是30个平声韵的代表字之一,表示与"萧"归于同一韵部的字。"二萧"中的"瓢(piáo)""妖""腰""烧""苗""桥""消"等都是与"萧"同韵的字。

琴对管①,釜(fǔ)②对瓢③,水怪④对花妖⑤。

秋声⑥对春色,白缣(jiān)⑦对红绡(xiāo)⑧。

臣五代⑨,事三朝⑩,斗(dǒu)柄⑪对弓腰⑫。

醉客歌⑬金缕⑭,佳人品⑮玉箫(xiāo)。

风定落花闲⑯不扫,霜余⑰残叶湿难烧。

千载兴周⑱,尚父⑲一竿投渭水⑳;百年霸越㉑,钱王㉒万弩(nǔ)㉓射江潮㉔。

【注释】

①管:吹奏的乐器。　②釜:古代的一种炊事用具,相当于现在的锅。有的本子作"斧"。　③瓢:一种用来舀水或撮

(cuō)取米面等的器具,多用对半剖开的匏(páo)瓜或木头制成。　④水怪:水中的怪物。　⑤花妖:花的精怪。　⑥秋声:秋天里自然界的声音。　⑦縑:双丝织成的细绢。　⑧绡:用生丝织成的东西。　⑨臣五代:在五个朝代担任官职。这里指五代时的冯道,字可道,瀛(yíng)州景城(今河北泊头)人。唐末为幽州掾(yuàn);后唐、后晋时历任宰相;后晋灭亡,被契丹任为太傅;后汉、后周时任太师。　⑩事三朝:侍奉三个朝代,指在三个朝代做官。南朝时的沈约,字休文,吴兴武康(今浙江德清武康镇)人,曾在宋、齐、梁三个朝代做官。　⑪斗柄:指北斗的第五至第七星。北斗的第一至第四星像斗,第五至第七星像斗柄。　⑫弓腰:向后弯腰至地像弓形。　⑬歌:唱。　⑭金缕:曲调名。　⑮品:吹奏。　⑯闲:有空。　⑰霜余:被霜打过的。　⑱兴周:兴旺的周王朝。　⑲尚父:指姜尚。见上卷"一东"第3段注⑬。　⑳渭水:即渭河,黄河最大的支流。在陕西中部,发源于甘肃渭源县鸟鼠山。　㉑霸越:在越地称霸。越:指浙江东部。　㉒钱王:即吴越王钱镠(liú),字具美,一作巨美,杭州临安(今属浙江)人。唐末任镇海节度使,后据有两浙十三州之地,建立了吴越国。　㉓弩:古代一种利用机械力量射箭的弓。　㉔江潮:指钱塘江的潮水。

【大意】

琴与管对应,釜与瓢对应,水怪与花妖对应。

秋声与春色对应,白縑与红绡对应。

在五个朝代做官,侍奉三个朝代,斗柄与弓腰对应。

喝醉的人唱着金缕曲,美丽的女子吹奏着玉箫。

风停了,落花满地,有时间却不去打扫;残存的树叶经过霜打,潮湿难烧。

姜尚在渭水边钓鱼,奠定了周朝的千年兴旺;钱镠用万弩射退钱塘江的潮水,使吴越王在越地称霸百年。

荣①对悴(cuì)②,夕③对朝(zhāo)④,露地⑤对云霄(xiāo)⑥。

商彝(yí)⑦对周鼎,殷⑧濩(hù)⑨对虞⑩韶⑪。

樊素⑫口,小蛮⑬腰,六诏⑭对三苗⑮。

朝天⑯车奕奕⑰,出塞⑱马萧萧⑲。

公子⑳幽兰㉑重㉒泛舸(gě)㉓,王孙㉔芳草㉕正联镳(biāo)㉖。

潘岳㉗高怀㉘,曾向秋天吟㉙蟋蟀(xīshuài)㉚;王维㉛清兴㉜,尝㉝于雪夜画芭蕉(bājiāo)㉞。

【注释】

①荣:乐;快乐。也可指茂盛。　②悴:忧愁。也可指枯萎(wěi)。　③夕:傍晚。　④朝:早晨。　⑤露地:指室外没有遮蔽的地方。　⑥云霄:极高的天空。　⑦商彝:商朝的盛酒器具。　⑧殷:商朝的后期,是盘庚迁都于殷(今河南安阳西北小屯村)后改用的称号。　⑨濩:通"頀(hù)",商汤时的乐曲名。　⑩虞:朝代名。帝舜统治天下之号。　⑪韶:虞舜时的乐曲名。　⑫樊素:白居易所养的歌女,以口小而美丽著称。　⑬小蛮:白居易所养的歌女,以腰细柔软而著称。　⑭六诏:唐代乌蛮六个部落的

总称。诏:指首领。 ⑮三苗:我国古代部族名。大致在长江中游以南一带。 ⑯朝天:朝见天子。 ⑰奕奕:众多的样子。 ⑱塞:边界上可据以御敌的险要地方。 ⑲萧萧:形容马叫声。 ⑳公子:称富贵人家的子弟。 ㉑幽兰:兰花。 ㉒重:多次。 ㉓泛舸:坐船游玩。舸:大船。 ㉔王孙:泛指贵族子弟。 ㉕芳草:香草。 ㉖联镳:骑马并进。镳:指马。 ㉗潘岳:见上卷"十四寒"第2段注⑮。 ㉘高怀:大的志向;高尚的胸怀。 ㉙吟:有节奏地诵读。 ㉚蟋蟀:这里指潘岳所作的《秋兴赋》,其中有"蟋蟀鸣乎轩(xuān)屏"一句。 ㉛王维:字摩诘(jié),唐时河东(今山西永济)人。官至尚书右丞,世称王右丞。信佛教,擅长山水诗,精通绘画。 ㉜清兴:清雅的兴致。 ㉝尝:曾经。 ㉞芭蕉:多年生草本植物,叶子宽大,叶柄很长。果实也叫芭蕉,黄色,可食用。

【大意】

荣与悴对应,夕与朝对应,露地与云霄对应。

商彝与周鼎对应,殷濩与虞韶对应。

樊素的小嘴,小蛮的细腰,六诏与三苗对应。

朝见天子的车队连绵不断,出关的马萧萧嘶(sī)鸣。

公子多次围绕长着兰花的地方坐船而行,王孙们正在芳草地上骑马并进。

潘岳志向高远,曾经在秋天吟诵与蟋蟀有关的赋;王维兴致清雅,曾经在下雪的夜晚画芭蕉。

耕对读,牧对樵(qiáo)①,琥珀(hǔpò)②对琼瑶(yáo)③。

兔毫④对鸿(hóng)爪⑤,桂楫(jí)⑥对兰桡(ráo)⑦。

鱼潜藻(zǎo)⑧,鹿藏蕉(qiáo)⑨,水远对山遥。

湘灵⑩能鼓瑟(sè)⑪,嬴(yíng)女⑫解⑬吹箫(xiāo)。

雪点寒梅横小院,风吹弱柳覆⑭平桥。

月牖(yǒu)⑮通宵,绛(jiàng)蜡⑯罢时光不减;风帘⑰当昼,雕盘⑱停后篆⑲难消。

【注释】

①樵:砍柴;打柴。 ②琥珀:由古代的松柏树脂形成的化石。淡黄色、褐(hè)色或红褐色的透明体。可做装饰品、入药等。 ③琼瑶:美玉。 ④兔毫:用兔毛制成的笔。也泛指毛笔。 ⑤鸿爪:大雁留下的爪印。鸿:大雁。 ⑥桂楫:桂木制的船桨。也泛指桨。楫:船桨。 ⑦兰桡:小舟的美称。桡:指小船。 ⑧藻:藻类植物,植物的一大类。植物体没有真正的根、茎、叶的分化,绝大多数是水生的。 ⑨蕉:通"樵",指柴、柴草。 ⑩湘灵:古代传说中的湘水之神。一说即舜的妃子湘夫人。 ⑪瑟:古代一种像琴的弦乐器。 ⑫嬴女:指弄玉,春秋时秦穆公的女儿。 ⑬解:能够;会。 ⑭覆:遮盖。 ⑮月牖:月光照进窗户。牖:窗。 ⑯绛蜡:深红色的蜡烛。绛:深红色。 ⑰风帘:指窗帘。 ⑱雕盘:雕饰精美的盘子。 ⑲篆:指焚香产生的烟。

【大意】

耕与读对应,牧与樵对应,琥珀与琼瑶对应。

兔毫与鸿爪对应,桂楫与兰桡对应。

鱼潜入水藻中,鹿藏在柴禾下,水远与山遥对应。

湘水之神能弹奏瑟,秦穆公的女儿会吹箫。

小院中横生着梅树,雪飘落在梅花上;风吹落柳叶,覆盖在平坦的桥面上。

月亮整夜照着窗户,红色的蜡烛虽然已经吹熄,屋子里却仍然显得很亮;白天拉下窗帘,盘子里的香虽然已经熄灭,那缕缕香雾仍难以消散。

三 肴

【题解】

"三肴"的"三"是序号,"肴"是30个平声韵的代表字之一,表示与"肴"归于同一韵部的字。"三肴"中的"爻(yáo)""巢(cháo)""梢""交""抛""敲""郊"等都是与"肴"同韵的字。

《诗》①对《礼》②,卦(guà)③对爻④,燕引⑤对莺(yīng)调⑥。

晨钟⑦对暮鼓⑧,野馔(zhuàn)⑨对山肴⑩。

雉(zhì)⑪方乳⑫,鹊(què)始巢⑬,猛虎对神獒(áo)⑭。

疏星浮荇(xìng)⑮叶,皓(hào)月⑯上松梢。

为邦⑰自古推瑚琏(húliǎn)⑱,从政于今愧斗筲(dǒushāo)⑲。

管⑳鲍㉑相知,能交忘形㉒胶漆㉓友;蔺(lìn)㉔廉㉕有隙㉖,终为刎(wěn)颈死生交㉗。

【注释】

①《诗》:指《诗经》,我国最早的诗歌总集,编成于春秋时期。

②《礼》:指《礼记》,儒家经典之一,是秦汉以前各种礼仪论著的选集。　③卦:中国古代用来占卜的符号,由阳爻(—)和阴爻(--)配合而成,分别有八卦和六十四卦。　④爻:组成八卦的一长道"—"(阳爻)或两短道"--"(阴爻)。　⑤燕引:待考。一说指燕子引路,一说"引"指乐曲的体裁。　⑥莺调:莺鸣叫的节奏、韵律。　⑦晨钟:早晨敲钟。　⑧暮鼓:晚上击鼓。　⑨野馔:山间野地所产的东西做的饭食。馔:饭食。　⑩山肴:用山野间的动物做的荤(hūn)菜。肴:已经做熟的鱼肉等荤菜。　⑪雉:野鸡。　⑫方乳:正在产卵。乳:鸟兽等产卵、产子。　⑬巢:筑巢。　⑭獒:一种凶猛的狗,形体较大,尾巴长,四肢短,常用作猎狗。　⑮荇:荇菜,多年生草本植物,叶子略呈圆形,浮在水面,根生在水底,开黄色花。　⑯皓月:明亮的月亮。　⑰为邦:治理国家。邦:国家。　⑱瑚琏:瑚和琏都是古代祭祀(jìsì)时盛粮食的器皿,十分贵重,常比喻人有才能,堪当大任。　⑲斗筲:斗和筲都是容量很小的量器,用来比喻人才识短浅,器量狭小。　⑳管:指管仲,名夷吾,字仲,春秋时颍(yǐng)上(今属安徽)人。齐桓公时任相,辅佐齐桓公成为春秋时期的第一个霸主。　㉑鲍:指鲍叔牙,齐国大夫,与管仲友善。　㉒忘形:指朋友相处不拘形迹。　㉓胶漆:胶与漆,比喻情谊极深,亲密无间。　㉔蔺:指蔺相如,战国时赵国人。在赵国任上卿。他对廉颇忍让,两人成为知交。　㉕廉:指廉颇,战国时赵国名将,以勇猛闻名诸侯,在赵国任上卿。　㉖隙:感情上的裂痕;嫌隙。　㉗刎颈死生交:指同生死共患难的朋友。

【大意】

《诗》与《礼》对应，卦与爻对应，燕引与莺调对应。

晨钟与暮鼓对应，野馔与山肴对应。

野鸡正在下蛋，喜鹊开始筑巢，猛虎与神獒对应。

漂浮水面的荇菜叶上映着稀疏的星星，一轮明月升上松树的树梢。

治理国家自古以来就重视像瑚琏那样堪当大任的人才，当今的从政者应为自己不过是像斗筲那样的庸才而感到惭愧。

管仲和鲍叔牙互相了解，能结成不拘形迹、如胶似漆的朋友；蔺相如与廉颇曾有嫌隙，最终却成为同生死共患难的朋友。

歌对舞，笑对嘲，耳语对神交①。

焉乌②对亥豕（shǐ）③，獭（tǎ）髓④对鸾（luán）胶⑤。

宜⑥久敬，莫轻抛，一气⑦对同胞。

祭（zhài）遵⑧甘⑨布被，张禄（lù）⑩念绨（tí）袍⑪。

花径风来逢客访，柴扉（fēi）⑫月到有僧敲。

夜雨园中，一颗不雕⑬王子⑭柰（nài）⑮；秋风江上，三重⑯曾卷杜公茅⑰。

【注释】

①神交：彼此没有见过面，但精神上互相倾慕。　②焉乌：焉和乌（繁体作"烏"）字形相近，容易混淆。指形似易混的汉字。　③亥豕：亥和豕字形相近，容易混淆。指形似易混的汉字。　④獭髓：水獭的骨髓。獭：水獭，哺乳动物，头部宽而扁，耳小，尾巴长，四肢短粗，毛褐（hè）色。穴居在河边。

⑤鸾胶:传说中用凤喙(huì)和麟(lín)角合在一起煎成的膏,能接续断了的弓弦。　⑥宜:应该。　⑦一气:声气相通。　⑧祭遵:字弟孙,东汉颍(yǐng)川颍阳(今河南许昌)人。曾任征虏将军。为人廉洁,家无余财。　⑨甘:情愿;乐意。　⑩张禄:即范雎(jū),字叔,战国时魏国人。因受迫害,化名张禄,逃到秦国。曾在秦国任相。　⑪绨袍:用绨做的袍服。绨:一种光滑厚实的丝织品。　⑫柴扉:柴门。扉:门。　⑬雕:通"凋",指枯萎(wěi)脱落。　⑭王子:即王祥,字休征,琅玡(lángyá)临沂(yí,今山东临沂北)人。魏时任司隶校尉,晋武帝时任太保。以孝闻名。　⑮柰:古书上指一种与花红(通称沙果,是苹果的一种)类似的果子。　⑯三重:三层。　⑰杜公茅:杜甫所住房子顶上盖的茅草。这里指的是杜甫所写的《茅屋为秋风所破歌》中的"八月秋高风怒号,卷我屋上三重茅"一句。杜公:指杜甫。见下卷"一先"第2段注⑨。

【大意】

歌与舞对应,笑与嘲对应,耳语与神交对应。

焉乌与亥豕对应,獭髓与鸾胶对应。

应该长久地互相敬重,不要轻易抛弃,一气与同胞对应。

祭遵乐意盖布被子,张禄顾念绨袍之情。

两旁长满鲜花的小路上轻风吹拂,正逢有客人来访;月亮照到柴门上,有僧人正在敲门。

夜里下起了雨,王祥抱着园子里的柰树哭泣,上面的柰一颗都没有掉落;江上刮起了秋风,曾经卷走杜甫房子顶上盖的三层茅草。

衙(yá)①对舍②,廪(lǐn)③对庖(páo)④,玉磬(qìng)⑤对金铙(náo)⑥。

竹林对梅岭,起凤⑦对腾蛟(jiāo)⑧。

鲛绡(jiāoxiāo)⑨帐,兽锦袍⑩,露果⑪对风梢⑫。

扬州⑬输⑭橘柚(júyòu),荆土⑮贡⑯菁(jīng)茅⑰。

断蛇埋地称孙叔⑱,渡蚁作桥识宋郊⑲。

好梦难成,蛩(qióng)⑳响阶前偏唧(jī)唧㉑;良朋远到,鸡声窗外正嘐(jiāo)嘐㉒。

【注释】

①衙:衙门,旧时指官署。　②舍:旅馆。　③廪:粮仓。　④庖:厨房。　⑤磬:古代用玉或石制成的打击乐器,形状像曲尺。　⑥铙:一种铜制的打击乐器,形状像钹(bó)。　⑦起凤:起舞的凤凰。　⑧腾蛟:腾跃的蛟龙。蛟:蛟龙,古代传说中能发洪水的一种龙。　⑨鲛绡:传说中鲛人(即人鱼)所织的绡。也借指薄绢、青纱。　⑩兽锦袍:用有兽纹的丝织品做的袍子。　⑪露果:带露的果子。果:有的本子作"叶"。　⑫风梢:随风摇动的树梢。　⑬扬州:州、路、府名。隋时改吴州为扬州,治江都(今扬州市)。元代改路,明代改府。清代辖今江苏宝应以南、长江以北、东台市以西、仪征市以东的地方。　⑭输:交出;献纳。　⑮荆土:指荆州,古九州之一,在荆山、衡山之间。　⑯贡:进献。

⑰菁茅:香草名,茅的一种。古代祭祀(jìsì)时用来缩酒。

⑱孙叔:指孙叔敖,芳(wěi)氏,名敖,字孙叔,一字艾猎。楚庄王时任楚相。他曾把一条两头蛇打死后埋入土中。

⑲宋郊:即宋庠(xiáng),字公序,宋时安州安陆(今属湖北)人。曾中状元,后任参知政事。据称他看见一个蚂蚁窝被水淹,便搭了一座竹桥引渡蚂蚁。　　⑳蛩:蟋蟀(xīshuài)。
㉑唧唧:形容虫的叫声。　　㉒嘤嘤:指动物的叫声。

【大意】

衙与舍对应,廪与庾对应,玉磬与金铙对应。

竹林与梅岭对应,起凤与腾蛟对应。

用薄绢制成的帐幔(màn),用有兽纹的丝织品做的袍子,露果与风梢对应。

扬州献纳橘子和柚子,荆地进献菁茅。

孙叔敖把两头蛇斩断后埋入地里,宋郊曾编织竹桥来引渡被水淹的蚂蚁。

本来就难以入睡,台阶前的蟋蟀却偏要唧唧地叫个不停;有好朋友从远方而来,窗外的公鸡正在嘤嘤地啼叫。

四 豪

【题解】

"四豪"的"四"是序号,"豪"是30个平声韵的代表字之一,表示与"豪"归于同一韵部的字。"四豪"中的"涛""毛""褒""桃""劳""号""高"等都是与"豪"同韵的字。

菱(líng)①对芡(qiàn)②,荻(dí)③对蒿(hāo)④,山麓⑤对江皋(gāo)⑥。

莺簧(yīnghuáng)⑦对蝶(dié)板⑧,麦浪对松涛⑨。

骐骥(qíjì)⑩足,凤凰毛⑪,美誉⑫对嘉褒⑬。

文人⑭窥⑮蠹(dù)简⑯,学士⑰书兔毫⑱。

马援⑲南征载薏苡(yìyǐ)⑳,张骞(qiān)㉑西使㉒进葡萄。

辩口㉓悬河㉔,万语千言常亹(wěi)亹㉕;词源㉖倒峡㉗,连篇累牍(dú)㉘自滔滔㉙。

【注释】

①菱:一年生草本植物,生在池沼(zhǎo)中,根生在泥里,叶

子浮在水面上。果实也叫菱,有带角的硬壳。有的本子作"茭(jiāo)"。　②芡:多年生草本植物,生在浅水中,全株有刺,叶子像荷叶,浮在水面上。果实叫芡实或鸡头米。有的本子作"茨(cí)"。　③荻:多年生草本植物,形状像芦苇,生长在水边或路旁。　④蒿:蒿子,草本植物,花小,叶子羽状分裂,有特殊气味。　⑤山麓:山脚。　⑥江皋:江岸。　⑦莺簧:黄莺的鸣声。因其鸣声如笙(shēng)簧奏乐,故称。　⑧蝶板:指蝴(hú)蝶宽大的翅膀一张一合像乐器中的拍板。　⑨松涛:风吹松林发出的声音。　⑩骐骥:骏马。　⑪凤凰毛:常比喻稀少而可贵的人或事物。　⑫美誉:称许赞美。　⑬嘉褒:嘉许赞扬。　⑭文人:读书人,多指会做诗文的读书人。　⑮窥:观看。　⑯蠹简:被蛀(zhù)坏的书。泛指古旧书籍。蠹:蛀蚀。　⑰学士:指学者,做学问的人。　⑱兔毫:用兔毛制成的笔,也泛指毛笔。　⑲马援:字文渊,扶风茂陵(今陕西兴平)人。东汉时任陇(lǒng)西太守、伏波将军。曾率军南征。　⑳薏苡:多年生草本植物,茎叶略似高粱,果实椭圆形,果仁叫薏米,可食用。　㉑张骞:西汉汉中成固(今陕西城固)人。汉武帝时曾出使西域,促进了中西方文化交流。　㉒西使:指出使西域。　㉓辩口:指能言善辩。　㉔悬河:指瀑布,比喻论辩滔滔不绝。　㉕亹亹:形容连续不断。　㉖词源:文词层出不穷,好比水源。　㉗倒峡:江河倾峡而出,比喻文章气势磅礴(páng bó)。　㉘连篇累牍:形容篇幅多,文辞长。　㉙滔滔:形容连续不断。

【大意】

菱与芡对应,荻与蒿对应,山麓与江皋对应。

莺簧与蝶板对应,麦浪与松涛对应。

骐骥的脚,凤凰身上的毛,美誉与嘉褒对应。

文人观看古旧书籍,学者用毛笔写字。

马援南征胜利后用车满载薏苡而归,张骞出使西域时引进了葡萄。

口若悬河,能言善辩,千言万语源源不断;文词层出不穷,气势磅礴,长篇大论滔滔不绝。

梅对杏,李对桃,棫(yù)朴(pò)①对旌旄(máo)②。

酒仙③对诗史④,德泽⑤对恩膏⑥。

悬一榻⑦,梦三刀⑧,拙逸⑨对贤劳⑩。

玉堂⑪花烛⑫绕,金殿⑬月轮⑭高。

孤山⑮看鹤盘云下,蜀道⑯闻猿向月号⑰。

万事从人⑱,有花有酒应自乐;百年皆客⑲,一丘一壑(hè)⑳尽吾豪㉑。

【注释】

①棫朴:白桵(ruǐ)和枹(bāo)木,两种树名,比喻贤才众多。　②旌旄:军中用来指挥的旗子。　③酒仙:对酷爱喝酒者的美称。　④诗史:指反映时代主题且有历史意义的诗歌。唐代杜甫的诗歌曾被称为诗史。　⑤德泽:恩泽;恩惠。　⑥恩膏:恩泽。　⑦悬一榻:把客人睡过的床悬挂起来,比喻礼待贤士。　⑧梦三刀:梦见三把刀。三把刀古人解为"州"字,意味着要管理一个州,因此用来比喻官员升迁。　⑨拙逸:笨拙的人安逸。　⑩贤劳:贤能的人劳累。贤:有

的本子作"贵"。　　⑪玉堂:玉饰的殿堂,泛指豪华的住宅。⑫花烛:彩烛。旧时多用于结婚的新房中,因上面多用龙凤等图案作装饰,故称。　　⑬金殿:宫殿。　　⑭月轮:圆月。也泛指月亮。　　⑮孤山:山名,在杭州西湖边。　　⑯蜀道:进入四川的道路。蜀:古代族名兼国名。分布在今四川中部偏西。　　⑰号:号叫。　　⑱万事从人:所有事情的好坏都根据人怎么去看待。　　⑲百年皆客:人生百年好比过路的客人,比喻人生短暂。　　⑳一丘一壑:一座山丘和一条沟壑。㉑豪:直爽痛快,没有拘束。

【大意】

梅与杏对应,李与桃对应,械朴与旌旄对应。

酒仙与诗史对应,德泽与恩膏对应。

悬挂一张床榻,梦见三把刀子,拙逸与贤劳对应。

豪华的住宅里花烛环绕,宫殿的上空高悬一轮明月。

在孤山上看鹤从云端盘旋而下,在入蜀的路上听猿对着月亮号叫。

事情的好坏都根据人怎么去看待,有花赏有酒喝就应自得其乐;人生百年就好比过路的客人,每一座山丘每一条沟壑都要痛快地去游玩。

台①对省②,署③对曹④,分袂(mèi)⑤对同袍⑥。

鸣琴⑦对击剑,返辙(zhé)⑧对回艚(cáo)⑨。

良⑩借箸(zhù)⑪,操⑫捉刀⑬,香茗(míng)⑭对醇醪(chúnláo)⑮。

滴⑯泉归海大,篑(kuì)⑰土积山高。

石室客来煎雀舌⑱，画堂⑲宾至饮羊羔⑳。

被谪(zhé)㉑贾生㉒，湘水㉓凄凉吟㉔《鵩(fú)鸟》㉕；遭谗(chán)㉖屈子㉗，江潭㉘憔悴(qiáocuì)㉙著《离骚》㉚。

【注释】

①台：古代中央政府的官署。常指御史台。　②省：古代中央官署名。　③署：官署，办理公务的机关。　④曹：古代分科办事的官署或部门。　⑤分袂：离别。袂：衣袖。⑥同袍：同穿一件袍子，多用来指关系十分亲密的人。　⑦鸣琴：弹琴。鸣：使物体发出声音。　⑧返辙：回车。辙：车轮碾(niǎn)过的痕迹。　⑨艚：漕(cáo)运所用的船舶(bó)。⑩良：指张良，字子房，秦末汉初韩地人。刘邦的谋士。汉朝建立后，封留侯。　⑪借箸：指张良借助筷子为刘邦分析形势。箸：筷子。　⑫操：指曹操。见上卷"十一真"第3段注⑫。⑬捉刀：指曹操在接待匈奴使者时装扮成侍卫人员，手中拿着刀。　⑭香茗：指好茶。茗：指喝的茶；有的本子作"茶"。⑮醇醪：味厚的美酒。醇：酒味淳厚。醪：醇酒。　⑯滴：有的本子作"涓"。　⑰篑：盛土的竹筐。　⑱雀舌：茶名。用嫩芽焙(bèi)制的上等茶。　⑲画堂：古代宫中有彩绘的殿堂。也泛指华丽的堂舍。　⑳羊羔：酒名。　㉑谪：封建时代指官吏被降职或调到边远地方做官。　㉒贾生：指贾谊。见上卷"十二文"第2段注㉕。　㉓湘水：即湘江，今湖南省的最大河流。　㉔吟：有节奏地诵读。　㉕《鵩鸟》：指贾谊写的《鵩鸟赋》。　㉖谗：在别人面前说陷害某人的话。　㉗屈子：即屈原，名平，字原。楚国贵族，曾任左徒、三闾(lǘ)大夫等职。其作品《离骚》《九歌》等对后代诗歌的

发展有巨大影响。　㉘江潭:江边。　㉙憔悴:形容人瘦弱,脸色不好。　㉚《离骚》:屈原所作的抒情长诗。

【大意】

台与省对应,署与曹对应,分袂与同袍对应。

鸣琴与击剑对应,返辙与回艚对应。

张良借用筷子为刘邦分析形势,曹操提刀假扮侍卫,香茗与醇醪对应。

点滴的泉水汇成了大海,一筐一筐的土堆成了高山。

在简陋的石室中请客人喝雀舌茶,在华丽的堂舍中请宾客饮羊羔酒。

贾谊被贬官,在湘江边凄凉地吟诵《鹏鸟赋》;屈原受谗害,面色憔悴,在江边写作《离骚》。

五　歌

【题解】

"五歌"的"五"是序号,"歌"是30个平声韵的代表字之一,表示与"歌"归于同一韵部的字。"五歌"中的"多""罗""何""波""荷""坡""磨"等都是与"歌"同韵的字。

微[1]对巨,少对多,直干[2]对平柯(kē)[3]。
蜂媒[4]对蝶(dié)使[5],雨笠[6]对烟蓑(suō)[7]。
眉淡扫[8],面微酡(tuó)[9],妙舞对清歌[10]。
轻衫裁夏葛[11],薄袂(mèi)[12]剪春罗[13]。
将相兼行[14]唐李靖(jìng)[15],霸王杂用[16]汉萧何[17]。
月本阴精[18],岂有羿(yì)妻[19]曾窃药;星[20]为夜宿(xiù)[21],浪传[22]织女[23]漫[24]投梭(suō)[25]。

【注释】

[1]微:细小。　[2]干:植物的主干。　[3]平柯:树木平伸的枝条。　[4]蜂媒:在花间飞舞的蜂,比喻为男女双方撮(cuō)合或传递消息的人。　[5]蝶使:在花间飞舞的蝴(hú)蝶,比喻为男女双方撮合或传递消息的人。　[6]雨笠:遮雨的笠帽。

五　歌 | 111

⑦烟蓑:蓑衣,用草或棕毛编成的、披在身上的雨具。
⑧扫:画。　⑨酡:饮酒后脸色发红。　⑩清歌:清亮的歌声。　⑪葛:指以葛(一种多年生草本植物)为原料制成的布。　⑫袂:衣袖。　⑬罗:质地轻软、上有稀孔的丝织品。　⑭将相兼行:指文武兼备,既可任相,又可为将。
⑮李靖:本名药师,雍(yōng)州三原(今属陕西)人。精通兵法。唐太宗时任兵部尚书、右仆射等职,封卫国公。　⑯霸王杂用:既用霸道,也用王道。古人把统治者以力量使人屈服称为霸道,把以德服人称为王道。　⑰萧何:秦末汉初沛县(今属江苏)人。追随刘邦起义。汉朝建立后任相国。　⑱阴精:阴气的精华。指月亮。　⑲羿妻:指嫦娥(cháng'é),传说是上古时期国王后羿的妻子,她偷吃不死之药后飞入了月宫。　⑳星:这里指织女星,共三颗星,在银河西边。
㉑宿:我国古代天文学指天上某些星的集合体。　㉒浪传:空传;妄传。　㉓织女:传说中天帝的女儿(一说是孙女),住在银河的东边,日夜织布。但自从嫁给牛郎后,就懒得织布了。　㉔漫:长久。　㉕投梭:指织布。

【大意】

微与巨对应,少与多对应,直干与平柯对应。

蜂媒与蝶使对应,雨笠与烟蓑对应。

轻轻画一画眉毛,脸色微红,妙舞与清歌对应。

夏天用葛布裁制成轻薄的衣衫,春天用罗剪缝成薄薄的袖子。

唐代的李靖既可为将,也可任相;汉代的萧何治理国家时既用霸道,也用王道。

月亮本是阴气的精华,怎么会有后羿的妻子曾经偷吃不死之药奔入月宫之事呢;织女星是夜里能看见的星宿,人们却妄传有织女一直在那里织布。

慈①对善,虐②对苛③,缥缈(piāomiǎo)④对婆娑(suō)⑤。

长杨⑥对细柳⑦,嫩蕊(ruǐ)⑧对寒莎(suō)⑨。

追风马⑩,挽日戈⑪,玉液⑫对金波⑬。

紫诏⑭衔丹凤⑮,《黄庭》⑯换白鹅⑰。

画阁⑱江城梅⑲作调,兰舟⑳野渡㉑竹㉒为歌。

门外雪飞,错认空中飘柳絮㉓;岩边瀑响,误疑天半落银河㉔。

【注释】

①慈:和善。　②虐:残暴;凶残。　③苛:过于严厉。
④缥缈:隐隐约约、若有若无的样子。　⑤婆娑:枝叶繁茂、疏密有致的样子。　⑥长杨:高高的杨树。也可指长杨宫,汉代宫名,故址在今陕西周至县东南。　⑦细柳:细细的柳条。也可指细柳营,汉代驻军的地方,在今陕西咸阳市西南。
⑧蕊:花蕊,种子植物生殖器官的一部分。　⑨莎:莎草,多年生草本植物,茎三棱形,叶条形,开黄褐(hè)色小花。
⑩追风马:秦始皇的七匹名马之一。　⑪挽日戈:传说春秋时的鲁阳公挥戈把太阳留在空中,不让它落下去。戈:古代兵器,横刃,装有长柄。　⑫玉液:比喻美酒。　⑬金波:酒名。也泛指酒。　⑭紫诏:皇帝的诏书。因用紫泥封信,故称。　⑮衔丹凤:指帝王的使者下达诏书。丹凤:这里指下达诏书的使者。　⑯《黄庭》:指《黄庭经》,道教上清派的

主要经典之一。 ⑰换白鹅:这里指晋代书法家王羲之抄写《黄庭经》向道士换一群白鹅。 ⑱画阁:有彩绘装饰的楼阁。 ⑲梅:指《梅花落》,汉乐府横吹曲名。 ⑳兰舟:木兰舟。也作为小船的美称。 ㉑野渡:荒凉之处或村野的渡口。 ㉒竹:指《竹枝词》,乐府《近代曲》之一。多用来歌咏当地风土或儿女柔情。 ㉓飘柳絮:晋时谢道韫(yùn)曾用飘飞的柳絮来比喻下雪的情形。 ㉔落银河:指唐代诗人李白描写庐山瀑布为"疑是银河落九天"。

【大意】

慈与善对应,虐与苛对应,缥缈与婆娑对应。

长杨与细柳对应,嫩蕊与寒莎对应。

追风马,能把太阳留在空中的戈,玉液与金波对应。

使者送来帝王的诏书,王羲之用抄写的《黄庭经》换来一群白鹅。

江边城市里豪华的楼阁中正演奏着《梅花落》,村野渡口的小船上有人唱着《竹枝词》。

门外大雪纷飞,错认为是空中飘扬着柳絮;岩石边瀑布发出巨响,误以为是银河从半空中落了下来。

松对竹,荇(xìng)①对荷,薜荔(bì lì)②对藤萝(luó)③。
梯云④对步月⑤,樵(qiáo)唱⑥对渔歌⑦。
升鼎雉(zhì)⑧,听经鹅⑨,北海⑩对东坡⑪。
吴郎⑫哀废宅,邵子⑬乐行窝⑭。
丽水⑮良金⑯皆待冶⑰,昆山⑱美玉总须磨⑲。
雨过皇州⑳,琉(liú)璃㉑色灿㉒华清㉓瓦;风来帝苑㉔,荷芰(jì)㉕香飘太液㉖波。

【注释】

①荇:荇菜,多年生草本植物,叶子略呈圆形,浮在水面,根生在水底,开黄色花。根状茎可以吃,全草可入药。　②薜荔:常绿藤本植物,茎蔓(màn)生,叶子卵形,果实球形。
③藤萝:紫藤的通称。藤本植物,开紫色花,可供观赏。
④梯云:登上青云。梯:攀登;登上。　⑤步月:在月下散步。　⑥樵唱:砍柴的人唱的歌。樵:打柴为生的人。
⑦渔歌:渔民唱的民歌小调。　⑧升鼎雉:飞到鼎上的野鸡。雉:野鸡。　⑨听经鹅:待考。一说指一个名叫志伟的和尚养的鹅,它们能听懂佛经。　⑩北海:指孔融,字文举,鲁国(治今山东曲阜〔fù〕)人。因东汉末年曾任北海相,故称。
⑪东坡:指苏轼(shì)。见上卷"十灰"第3段注⑮。　⑫吴郎:指吴融,字子华,唐时越州山阴(今浙江绍兴)人。曾任中书舍人、翰(hàn)林学士承旨。写过一首《废宅》诗。　⑬邵子:指邵雍(yōng),字尧夫,号安乐先生。祖籍范阳(今河北涿〔zhuō〕州)。北宋宰相富弼、司马光等与他交往密切,并为他购置舒适的住宅,邵雍称之为安乐窝。　⑭乐行窝:指喜欢自己的安乐窝。　⑮丽水:即今云南金沙江,也叫丽江。
⑯良金:指含金量高的金沙。　⑰冶:熔炼金属。　⑱昆山:即今昆仑山,中国西部的山脉。　⑲磨:打磨;磨治。
⑳皇州:京城。　㉑琉璃:一种半透明状的釉(yòu)料,用某些矿物原料烧制而成。　㉒灿:光彩耀眼的样子。
㉓华清:指华清宫,在陕西西安市临潼(tóng)区南骊(lí)山西北麓,建于唐代。　㉔帝苑:帝王的花园。　㉕芰:菱(líng)角。　㉖太液:指太液池。古池名。汉、唐、元、明、清等朝皇宫内都有太液池。

五　歌

【大意】

松与竹对应，荇与荷对应，薜荔与藤萝对应。

梯云与步月对应，樵唱与渔歌对应。

飞到鼎上的野鸡，能听懂佛经的鹅，北海与东坡对应。

吴融为废弃的宅子而哀伤，邵雍喜欢自己的安乐窝。

丽水中优质的金沙都等着冶炼，昆仑山的美玉必须经过琢（zhuó）磨。

京城中刚刚下过雨，华清宫上的琉璃瓦光彩耀眼；风吹过帝王的园林，太液池中荷花和菱花的香味四处飘洒。

笼（lóng）对槛（jiàn）①，巢（cháo）对窝，及第②对登科③。

冰清④对玉润⑤，地利⑥对人和⑦。

韩擒虎⑧，荣驾鹅⑨，青女⑩对素娥（é）⑪。

破头朱泚（cǐ）笏（hù）⑫，折齿谢鲲（kūn）梭（suō）⑬。

留客酒杯应恨少，动人诗句不须多。

绿野凝烟⑭，但听村前双牧笛；沧江⑮积雪，惟看滩上一渔蓑（suō）⑯。

【注释】

①槛：关兽类用的木笼；囚笼。　②及第：科举考试中选。因榜上题名有甲乙次第，故称。　③登科：科举考试时被录取。　④冰清：比喻德行高尚。　⑤玉润：比喻美德。　⑥地利：地理的优势。　⑦人和：指人心归向，上下团结。　⑧韩擒虎：字子通，河南东垣（yuán，今河南新安）人。文武兼

备,隋初为上柱国,任凉州总管。　⑨荣驾鹅:春秋时期鲁国的大夫。　⑩青女:传说中掌管霜雪的女神。　⑪素娥:嫦(cháng)娥的别称。　⑫破头朱泚笏:朱泚被笏打破了头。朱泚:幽州昌平(今属北京)人。唐德宗时曾被拥立为帝。笏:古代大臣上朝面见君主时手中所拿的用来记事的狭长板子。　⑬折齿谢鲲梭:谢鲲被梭打折了牙齿。谢鲲:字幼舆(yú),晋时陈国阳夏(今河南太康)人。曾任豫章太守。梭:织布机上用来牵引纬线的工具,中间粗,两头尖,形状像枣核。⑭凝烟:浓密的雾气。　⑮沧江:江流;江水。因江水呈苍色,故称。　⑯渔蓑:披着蓑衣的渔翁。蓑:蓑衣,用草或棕毛编成的、披在身上的雨具。

【大意】

笼与槛对应,巢与窝对应,及第与登科对应。
冰清与玉润对应,地利与人和对应。
韩擒虎,荣驾鹅,青女与素娥对应。
朱泚被象牙笏打破了头,谢鲲被梭打折了牙齿。
挽留客人时遗憾酒喝得太少,能打动人心的诗句用不着太多。
碧绿的田野上雾气迷漫,只听村前传来两支牧笛的声音;江流旁积雪覆盖,只看见江滩上有一位身穿蓑衣的渔翁。

六 麻

【题解】

"六麻"的"六"是序号,"麻"是30个平声韵的代表字之一,表示与"麻"归于同一韵部的字。"六麻"中的"嘉""夸""家""霞""茶""涯""沙"等都是与"麻"同韵的字。

清对浊,美对嘉①,鄙吝(lìn)②对矜(jīn)夸③。
花须④对柳眼⑤,屋角对檐(yán)牙⑥。
志和⑦宅,博望⑧槎(chá)⑨,秋实⑩对春华⑪。
乾炉⑫烹(pēng)⑬白雪⑭,坤鼎⑮炼丹砂(shā)⑯。
深宵⑰望冷沙场⑱月,边塞⑲听残野戍⑳笳(jiā)㉑。
满院松风㉒,钟声隐隐为㉓僧舍㉔;半窗花月㉕,鹤影依依㉖是道家㉗。

【注释】

①嘉:美好。　②鄙吝:过分吝啬(sè)。　③矜夸:骄傲自夸。　④花须:花蕊(ruǐ)。　⑤柳眼:早春初生的柳

叶。因像人睡醒时刚睁开眼睛,故称。　⑥檐牙:檐际翘出如牙的部分。　⑦志和:指张志和,字子同,初名龟龄,号玄真子,唐时婺(wù)州金华(今属浙江)人。曾任左金吾卫录事参军。后浪迹江湖,自号烟波钓徒。　⑧博望:指张骞(qiān),汉武帝时被封为博望侯。传说张骞曾乘坐木筏(fá)探寻黄河的源头。　⑨槎:木筏。　⑩秋实:秋天结果。⑪春华:春天开花。　⑫乾炉:炼丹时代表阳性的炉。乾:阳性。　⑬烹:炼。　⑭白雪:也叫粉霜。外丹黄白术的药物,主要成分是氯化汞,白色,有剧毒。一说指水银。⑮坤鼎:炼丹时代表阴性的鼎。坤:阴性。　⑯丹砂:即朱砂。矿物名。深红色,古代道教徒使用来化汞炼丹。　⑰宵:夜晚。　⑱沙场:广阔的沙地,多指战场。　⑲边塞:边疆地区的要塞。　⑳野戍:野外驻防的地方。　㉑笳:胡笳,我国古代北方民族中一种类似笛子的管乐器。　㉒松风:松林之风。　㉓为:是。　㉔僧舍:僧人的住所。㉕花月:花和月,泛指美好的景色。　㉖依依:隐隐约约的样子。　㉗道家:道士的住处。

【大意】

清与浊对应,美与嘉对应,鄙吝与矜夸对应。

花须与柳眼对应,屋角与檐牙对应。

张志和居住的房子,博望侯张骞乘坐的木筏,秋实与春华对应。

阳性的丹炉中烹炼着白雪,阴性的丹鼎中炼制着丹砂。

夜深时望着沙场上空清冷的月亮,边塞上听着野外的军营里传来断断续续的胡笳声。

满院都是松林之风,钟声隐约可闻,这是僧人的居所;半个窗户的花和月光,鹤的影子依稀可见,这是道士的住处。

雷对电,雾对霞,蚁阵①对蜂衙(yá)②。寄梅③对怀橘(jú)④,酿酒对烹(pēng)⑤茶。宜男草⑥,益母花⑦,杨柳对蒹⑧葭(jiānjiā)⑨。班姬(jī)⑩辞帝辇(niǎn)⑪,蔡琰(yǎn)⑫泣胡笳(jiā)⑬。舞榭(xiè)歌楼⑭千万尺,竹篱(lí)⑮茅舍⑯两三家。珊(shān)枕⑰半床,月明时梦飞塞外⑱;银筝(zhēng)⑲一曲⑳,花落处人在天涯㉑。

【注释】

①蚁阵:指蚂蚁列阵争斗。 ②蜂衙:指群蜂早晚聚集,簇(cù)拥蜂王,就像旧时官吏到上司衙门参见。 ③寄梅:赠送梅花。借指对亲朋的思念和问候。 ④怀橘:把橘子放入怀中,用来指孝顺父母。 ⑤烹:煮。 ⑥宜男草:萱(xuān)草的别名。古人认为孕妇佩戴它会生男孩。 ⑦益母花:益母草的花。益母草是一年或二年生草本植物,茎直立,方形。夏季开花。可入药。 ⑧蒹:没有抽穗的芦苇。 ⑨葭:初生的芦苇。 ⑩班姬:指汉成帝的妃子班婕妤(jié yú)。 ⑪帝辇:皇帝乘坐的车子。 ⑫蔡琰:字文姬,东汉陈留圉(yǔ,今河南杞〔qǐ〕县)人。著名文学家蔡邕(yōng)之女。曾为乱兵所掠,嫁给南匈奴左贤王,后曹操用重金赎回。相传曾作《胡笳十八拍》。 ⑬胡笳:即《胡笳十八拍》,乐府《琴曲》歌辞。相传为蔡琰所作,描写自己的悲惨经历和矛盾心情。 ⑭舞榭歌楼:指歌舞场所。榭:建在台上的屋子。 ⑮篱:篱笆(bā),环绕在房屋、场地等周围起遮拦作用的东西。 ⑯茅舍:用茅草盖的屋子。 ⑰珊枕:用珊

瑚(hú)做的枕头。　⑱塞外：边塞之外。泛指我国北部边疆地区。　⑲银筝：用银装饰的筝。筝：一种木制的弦乐器，长形。也叫古筝。　⑳曲：有的本子作"奏"。　㉑天涯：天边。形容极远的地方。

【大意】

雷与电对应，雾与霞对应，蚁阵与蜂衙对应。

寄梅与怀橘对应，酿酒与烹茶对应。

宜男草，益母草的花，杨柳与蒹葭对应。

班姬推辞与皇帝同坐一辆车，蔡琰作《胡笳十八拍》表达自己的忧伤之情。

舞榭歌楼高达千万尺，有两三户用竹篱笆围着茅草屋的人家。

在月明的晚上，躺在床上，枕着珊瑚枕头，做梦到了边塞之外；在花落的地方，用银筝弹奏一曲，人漂泊在天涯。

圆对缺，正对斜，笑语对咨嗟(jiē)①。

沈腰②对潘鬓(bìn)③，孟笋④对卢荼⑤。

百舌鸟⑥，两头蛇⑦，帝里⑧对仙家⑨。

尧⑩仁⑪敷(fū)⑫率土⑬，舜⑭德被(bèi)⑮流沙⑯。

桥上授书曾纳履⑰，壁间题句已笼(lǒng)纱⑱。

远塞⑲迢(tiáo)迢⑳，雪㉑碛(qì)㉒风沙何可极㉓；长沙㉔渺渺㉕，云㉖涛烟浪㉗信㉘无涯㉙。

【注释】

①咨嗟：叹息。　②沈腰：沈约的腰。沈约年老多病，腰围

不断变小。后用来指瘦减之腰。沈：指沈约。见下卷"二萧"第1段注⑩。　③潘鬓：潘岳花白的鬓发。指中年头发开始变白。潘：指潘岳。见上卷"十四寒"第2段注⑮。　④孟笋：孟宗的母亲冬天想吃笋，孟宗入竹林哭泣，笋竟然长了出来。孟：指孟宗，字恭武，三国时江夏鄂（è，今湖北鄂州）人。曾任司空，以孝闻名。　⑤卢茶：指卢仝（tóng）喜欢喝茶。卢：指卢仝，自号玉川子，唐代范阳（今河北涿〔zhuō〕州）人。⑥百舌鸟：即乌鸫（dōng）。全身黑色，嘴黄色，叫声多变化。⑦两头蛇：蛇的一种，尾巴圆钝，乍看上去像一个头，且有与头相似的行动习性，故名。　⑧帝里：京都。　⑨仙家：指道教宫观。　⑩尧：见上卷"二冬"第3段注㉑。　⑪仁：对人友爱，有同情心。　⑫敷：传布；散布。　⑬率土：指境域之内。　⑭舜：见上卷"二冬"第3段注⑳。　⑮被：及；延及。　⑯流沙：沙漠。　⑰桥上授书曾纳履：指张良年轻时在桥上为一位老人穿鞋，老人因此传授给他兵书。纳履：穿鞋。　⑱笼纱：用纱笼罩（zhào）。　⑲塞：边界上可据以御敌的险要地方。　⑳迢迢：形容路途遥远。　㉑雪：有的本子作"露"。　㉒碛：沙石堆积成的浅滩。　㉓极：至；到达。　㉔长沙：广袤（mào）的沙漠；大沙漠。　㉕渺渺：悠远的样子。　㉖云：有的本子作"雪"。　㉗烟浪：指烟雾苍茫的水面。　㉘信：确实。　㉙涯：边际。

【大意】

圆与缺对应，正与斜对应，笑语与咨嗟对应。

沈腰与潘鬓对应，孟笋与卢茶对应。

百舌鸟，两头蛇，帝里与仙家对应。

帝尧的仁德遍布整个国家，帝舜的德泽延及沙漠地区。

老人把兵书传授给张良是因为张良曾替他穿鞋,题写在墙壁上的诗句已用碧纱笼罩保护起来。

边塞遥远之极,一路上顶风冒雪,沙石遍地,不知怎样才能到达;大沙漠广袤悠远,远远望去,仿佛云烟形成的浪涛,实在是茫无边际。

疏对密,朴①对华②,义鹘(hú)③对慈鸦④。

鹅群对雁阵⑤,白苎(zhù)⑥对黄麻⑦。

读三到⑧,吟八叉⑨,肃静对喧哗。

围棋兼把钓⑩,沉李并浮瓜⑪。

羽客⑫片时⑬能煮石⑭,狐禅(chán)⑮千劫⑯似蒸沙⑰。

党尉⑱粗豪⑲,金帐笼(lǒng)香斟(zhēn)⑳美酒;陶生㉑清逸㉒,银铛(chēng)㉓融雪啜(chuò)㉔团茶㉕。

【注释】

①朴:纯真,未经修饰的。　②华:奢侈;表面上好看。　③义鹘:讲义气的鹘。鹘:隼(sǔn)的旧称。隼是一种猛禽,善于袭击其他鸟类。　④慈鸦:即慈乌,乌鸦的一种。相传能反哺(bǔ)其母,故称。　⑤雁阵:雁飞行时排成的行列。　⑥白苎:白色的苎麻。苎:苎麻,多年生草本植物,茎直立,开黄色花。　⑦黄麻:植物名。指大麻,也指络麻。　⑧读三到:指读书时要眼到、口到、心到。　⑨吟八叉:指唐代的温庭筠(yún)两手相拱为叉八次,就可把诗创作出来。　⑩把钓:指钓鱼。　⑪沉李并浮瓜:指把李子和瓜放入水中,李子下沉而瓜上浮。　⑫羽客:指神仙或方士。这里指

六 麻

传说中的仙人白石生。　⑬片时：片刻,极短的时间。　⑭煮石：指白石生把石头煮成饭。　⑮狐禅：即野狐禅,佛教内对一些不通过真修实行而妄称开悟的人的称呼。　⑯劫：佛教把世界从形成到毁灭的一个周期称为一劫。也泛指灾难。　⑰蒸沙：把沙子蒸成饭,比喻不可能的事情。　⑱党尉：指党进,又名晖(huī),宋代朔(shuò)州马邑(yì,今山西朔县)人。曾任忠武军节度使。　⑲粗豪：豪壮。　⑳斟：往杯子、碗等容器里倒。　㉑陶生：指陶谷,字秀实,本姓唐,邠(bīn)州新平(今陕西彬[bīn]县)人。北宋时曾任礼部、刑部及户部尚书。　㉒清逸：清闲安逸。　㉓铛：一种古代的温器,较小,有三足。　㉔啜：喝；饮。　㉕团茶：宋代用圆模制成的茶饼。

【大意】

疏与密对应,朴与华对应,义鹊与慈鸦对应。

鹅群与雁阵对应,白芷与黄麻对应。

读书要眼到、口到、心到,温庭筠两手相拱为叉八次即可作出诗来,肃静与喧哗对应。

下围棋兼钓鱼,在水中沉下去的李子与浮上来的瓜。

神仙能很快把石头煮成饭,野狐禅即使经历千劫也成不了佛。

党进为人豪壮,在金色的帐幔(màn)中燃香饮美酒；陶谷清闲安逸,用银铛把雪融化后泡团茶来喝。

七　阳

【题解】

"七阳"的"七"是序号,"阳"是30个平声韵的代表字之一,表示与"阳"归于同一韵部的字。"七阳"中的"塘""香""床""长""羊""光""王"等都是与"阳"同韵的字。

台对阁[1],沼(zhǎo)[2]对塘,朝(zhāo)[3]雨对夕阳。
游人对隐士[4],谢女[5]对秋娘[6]。
三寸舌[7],九回肠[8],玉液[9]对琼浆[10]。
秦皇[11]照胆镜[12],徐肇(zhào)[13]返魂香[14]。
青萍[15]夜啸(xiào)[16]芙蓉匣(fúróngxiá)[17],黄卷[18]时摊薜荔(bìlì)床[19]。
元亨利贞[20],天地一机[21]成化育[22];仁义礼智[23],圣贤[24]千古[25]立纲常[26]。

【注释】

①阁:一种供人游玩、休息或凭高远望的建筑物,多建在风景

区或庭院里,一般为两层。　②沼:天然的水池。　③朝:早晨。　④隐士:隐居的人。　⑤谢女:指谢道韫(yùn),东晋陈郡(jùn)阳夏(今河南太康)人。谢安的侄女,王凝之的妻子。聪慧,有文才。　⑥秋娘:指杜秋娘,姓杜,名秋,唐时金陵人。曾受唐宪宗宠爱。善唱《金缕衣》曲。　⑦三寸舌:也说三寸不烂之舌,指能言善辩的口才。　⑧九回肠:比喻忧思郁结难解。　⑨玉液:比喻美酒。　⑩琼浆:指美酒。　⑪秦皇:指秦始皇嬴(yíng)政。我国历史上的第一位皇帝。于公元前221年统一中国。在位期间,推行一系列重大举措,包括统一法律、度量衡和货币,修筑万里长城,实行郡县制等。　⑫照胆镜:传说中秦宫内的一面镜子,据说可以照见人的五脏,若胆张心动,即证明该人有邪心。　⑬徐肇:待考。　⑭返魂香:传说能起死回生的一种香。⑮青萍:古剑名。　⑯啸:指发出长而尖厉的声音。⑰芙蓉匣:饰有芙蓉花的匣子。芙蓉:荷花的别名。也指木莲即木芙蓉。　⑱黄卷:书籍。　⑲薜荔床:待考。薜荔:常绿藤本植物,茎蔓(màn)生,叶子卵形,花极小,果实球形。⑳元亨利贞:《周易》中《乾》卦(guà)的卦辞,指大为亨通,有利之占问。一说指开始通达,适宜守正。　㉑机:事物变化的根源。　㉒化育:滋养;养育。　㉓仁义礼智:仁爱、正义、守礼、智慧,是儒家提倡的道德规范和行为准则。　㉔圣贤:圣人和贤人。也泛指道德才智杰出的人。　㉕千古:长远的年代。　㉖纲常:三纲五常的简称,是封建礼教所提倡的人与人之间的道德标准。

【大意】

台与阁对应,沼与塘对应,朝雨与夕阳对应。

游人与隐士对应,谢女与秋娘对应。

三寸不烂之舌,郁结难解的思绪,玉液与琼浆对应。

秦始皇的照胆镜,徐肇的返魂香。

青萍剑夜里在芙蓉匣中发出长啸声,经常在薜荔床上摊开书籍阅读。

元亨利贞,说明天地具有创造并养育万物的特性;仁义礼智,这是圣贤立下的必须始终遵循的道德准则。

红对白,绿对黄,昼永①对更②长。

龙飞对凤舞,锦缆(lǎn)③对牙樯(qiáng)④。

云弁(biàn)使⑤,雪衣娘⑥,故国⑦对他乡。

雄文⑧能徙鳄⑨,艳曲⑩为求凰⑪。

九日⑫高峰惊落帽⑬,暮春⑭曲水喜流觞(shāng)⑮。

僧⑯占名山,云绕茂林藏古殿;客栖⑰胜地⑱,风飘落叶响空廊。

【注释】

①昼永:白天长。永:长。　②更:夜间计时单位,一夜分为五更,每更约两个小时。　③锦缆:用锦做的缆绳。锦:有彩色花纹的丝织品。　④牙樯:饰有象牙的桅(wéi)杆。樯:桅杆。　⑤云弁使:戴着高帽子的使者。一说指蜻蜓(qīngtíng)。弁:帽子。　⑥雪衣娘:指白色的鹦鹉(yīngwǔ)。　⑦故国:故乡。　⑧雄文:内容精深、气势雄伟的诗文。这里指唐代韩愈的《祭(jì)鳄鱼文》。　⑨徙鳄:让鳄鱼迁走。徙:迁移。　⑩艳曲:爱情歌曲。这里指汉代司马相如为追

求卓文君而弹奏的琴曲。 ⑪求凰：代指男子追求女子。凰：雌性的凤凰。 ⑫九日：指九月九日重阳节。 ⑬落帽：指东晋人孟嘉在登山时帽子被风吹落。 ⑭暮春：晚春。 ⑮曲水喜流觞：古代的一种风俗，在农历三月上巳节（魏晋后始定为三月三日）引水环曲成渠，把酒杯放入流动的渠水中，人们取杯饮酒，认为可以驱除不祥。觞：酒杯。 ⑯僧：指出家修行的男性佛教徒。 ⑰栖：居住或停留。 ⑱胜地：风景优美的地方。

【大意】

红与白对应，绿与黄对应，昼永与更长对应。

龙飞与凤舞对应，锦缆与牙樯对应。

戴着高帽子的使者，浑身雪白的鹦鹉，故国与他乡对应。

韩愈充满气势的文章能让鳄鱼自动迁走，司马相如弹奏表达爱情的琴曲是为了追求卓文君。

孟嘉在九月九日登高山时帽子被风吹落，人们在三月三日上巳节高兴地取漂浮在弯曲流水上的酒杯喝酒。

僧人占据着著名的大山，云雾缭(liáo)绕的密林中藏着古老的佛殿；客人居住在风景优美的地方，空空的走廊中传来落叶在风中飘舞的声音。

衰①对壮②，弱对强，艳饰③对新妆④。
御龙⑤对司马⑥，破竹⑦对穿杨⑧。
读班马⑨，识求羊⑩，水色⑪对山光⑫。
仙棋藏绿橘(jú)⑬，客枕梦黄粱⑭。
池草入诗因有梦⑮，海棠⑯带恨⑰为无香。

风起画堂⑱,帘箔(bó)⑲影翻青荇(xìng)⑳沼(zhǎo)㉑;月斜金井㉒,辘轳(lùlu)㉓声度㉔碧梧㉕墙。

【注释】

①衰:事物由强变弱。　②壮:强健有力。　③艳饰:浓妆打扮。　④新妆:指女子新颖别致的打扮修饰。　⑤御龙:驾驭龙。御:驾驭。　⑥司马:管理马匹。司:主管。　⑦破竹:劈开竹子。竹子劈开上端以后,下面的部分会随着刀刃分开,形容十分顺利,毫无障碍。　⑧穿杨:用箭射穿杨树叶,比喻精于射箭。　⑨班马:指汉代班固写的《汉书》和司马迁写的《史记》。　⑩求羊:指汉代的隐士求仲和羊仲。　⑪水色:水面呈现的颜色。　⑫山光:山的景色。　⑬仙棋藏绿橘:传说在两个大橘子中有两位仙人在下象棋。　⑭客枕梦黄粱:传说唐代卢生在客店中枕着仙人给他的枕头做梦,梦见自己享受荣华富贵,醒来后店主人正在蒸的黄粱还没有熟。黄粱:粟米名,即小黄米。　⑮池草入诗因有梦:指南朝宋诗人谢灵运做梦得到"池塘生春草"的诗句。　⑯海棠:落叶乔木,叶子椭圆形或卵形,花淡粉红色或白色,果实也叫海棠,球形。　⑰恨:遗憾。　⑱画堂:古代宫中有彩绘的殿堂。也泛指华丽的堂舍。　⑲帘箔:帘子。箔:用苇子、秫秸(shújie)等编成的帘子。　⑳荇:荇菜,多年生草本植物,叶子略呈圆形,浮在水面,根生在水底,开黄色花。　㉑沼:天然的水池。　㉒金井:有雕栏的井。　㉓辘轳:安在井上通过绞动绳索汲(jí)水的工具。　㉔度:穿过;越过。　㉕碧梧:绿色的梧桐树。

【大意】

衰与壮对应,弱与强对应,艳饰与新妆对应。

御龙与司马对应,破竹与穿杨对应。

读班固写的《汉书》和司马迁写的《史记》,认识求仲与羊仲,水色与山光对应。

绿色的橘子中藏着下象棋的仙人,客人在店主煮黄梁时枕着枕头做梦。

谢灵运在梦中得到"池塘生春草"的诗句,海棠花令人遗憾的是没有香味。

风吹入装饰华丽的堂舍,透过随风翻卷的帘子可以看见长着绿色荇菜的水池;月亮斜照在围有雕栏的井上,辘轳声穿过由绿色梧桐树组成的墙。

臣①对子,帝②对王③,日月对风霜。

乌台④对紫府⑤,雪牖(yǒu)⑥对云房⑦。

香山社⑧,昼锦堂⑨,蔀(bù)屋⑩对岩廊⑪。

芬椒涂内壁⑫,文杏⑬饰高梁。

贫女幸分东壁影⑭,幽人⑮高卧⑯北窗凉。

绣阁⑰探春⑱,丽日⑲半笼(lǒng)青镜⑳色;水亭醉夏,薰(xūn)风㉑常透碧筒㉒香。

【注释】

①臣:君主时代的官吏,有时也包括普通民众。　②帝:君主;皇帝。　③王:君主;最高统治者。　④乌台:指御史台,是封建国家的监察机关。　⑤紫府:道教称仙人居住的

地方。　⑥雪牖:雪窗,映雪的窗户。牖:窗。　⑦云房:僧道或隐士居住的房屋。　⑧香山社:即香火社,佛教徒的结社。因香山居士白居易曾与香山僧如满结香火社,故又名香山社。　⑨昼锦堂:宋代宰相韩琦(qí)、章得象退休后回家所建的房子。昼锦:指富贵后还乡。　⑩蔀屋:草席盖顶的屋子。泛指贫困人家幽暗简陋的屋子。蔀:盖在棚架上用来遮阳光的草席。　⑪岩廊:高峻的廊庑(wǔ)。也借指朝廷。　⑫芬椒涂内壁:指用花椒子和泥涂壁,蕴温暖、芬芳、多子之义。　⑬文杏:即银杏,俗称白果树。木质纹理坚密,是建筑的高级用材。　⑭贫女幸分东壁影:指贫穷的女子徐吾希望借用邻居的烛光在东墙纺织。　⑮幽人:隐士。　⑯高卧:安卧;悠闲地躺着。　⑰绣阁:女子的华丽居室。这里指女子。　⑱探春:早春郊游。　⑲丽日:明媚的太阳。⑳青镜:指青铜镜。　㉑薰风:和暖的风。指初夏时的东南风。　㉒碧筒:指碧筒杯,一种用荷叶制成的饮酒器。

【大意】

臣与子对应,帝与王对应,日月与风霜对应。

乌台与紫府对应,雪牖与云房对应。

香山社,昼锦堂,蔀屋与岩廊对应。

用芬芳的花椒子涂饰墙的内壁,用银杏木装饰高高的房梁。

贫穷的女子希望能借用邻居的烛光在东墙纺织,隐士躺在北窗下悠闲自在地乘凉。

女子们在早春郊游,明媚的太阳半笼着青铜镜一样的颜色;初夏在水边的亭子里饮酒,暖风中常常透出碧筒杯中的酒香。

八 庚

【题解】

"八庚"的"八"是序号,"庚"是30个平声韵的代表字之一,表示与"庚"归于同一韵部的字。"八庚"中的"声""京""情""成""清""明""平"等都是与"庚"同韵的字。

形对貌,色对声,夏邑(yì)[①]对周京[②]。
江云对渭树[③],玉磬(qìng)[④]对银筝(zhēng)[⑤]。
人老老[⑥],我卿卿[⑦],晓燕[⑧]对春莺(yīng)[⑨]。
玄霜[⑩]春(chōng)[⑪]玉杵(chǔ)[⑫],白露[⑬]贮(zhù)金茎[⑭]。
贾(gǔ)客[⑮]君山[⑯]秋弄笛[⑰],仙人缑(gōu)岭[⑱]夜吹笙(shēng)[⑲]。
帝业[⑳]独兴,尽道汉高[㉑]能用将;父[㉒]书空读,谁言赵括[㉓]善知兵。

【注释】

①夏邑:夏朝的都市。邑:城市;都市。　②周京:周朝的京

城。　　③江云对渭树：出自杜甫《春日忆李白》诗中的"渭北春天树，江东日暮云"一句。江云代表当时李白漫游的江浙一带，渭树代表杜甫所在的长安一带。渭：有的本子作"涧"。　　④磬：古代用玉或石制成的打击乐器，形状像曲尺。　　⑤筝：一种木制的弦乐器，长形。也叫古筝。　　⑥人老老：人人都要尊敬老人。前一个"老"是动词，指尊敬老人。　　⑦我卿卿：即卿卿我我。前一个"卿"是动词，指以卿相称；后一个"卿"是代词，指你。形容男女之间十分亲昵(nì)。　　⑧晓燕：早晨的燕子。　　⑨莺：鸟，身体小，嘴短而尖。种类很多。　　⑩玄霜：神话中的一种仙药。　　⑪舂：把东西放在石臼(jiù)或乳钵里，用杵捣去皮壳或捣碎。　　⑫杵：用来舂米等的圆木棒，一头粗，一头细。　　⑬白露：秋天的露水。　　⑭金茎：用来支撑承露盘的铜柱。承露盘是汉武帝时命人制造用来接露水的。　　⑮贾客：商人。　　⑯君山：在今湖南洞庭湖中的山，由七十二个大小山峰组成。　　⑰弄笛：吹笛。　　⑱缑岭：指缑氏山，在今河南偃(yǎn)师市东南。　　⑲笙：管乐器，由若干根装在一个锅形的座子上的竹管组成。　　⑳帝业：建立王朝的事业。　　㉑汉高：汉高祖刘邦。见上卷"二冬"第3段注⑰。　　㉒父：这里指赵奢。战国时赵国人。曾任将军，善于用兵，因功封马服君。　　㉓赵括：赵奢的儿子。只知纸上谈兵，在秦赵长平之战中任赵将，造成赵军四十多万人遭秦军坑杀。

【大意】

形与貌对应，色与声对应，夏邑与周京对应。

江云与渭树对应，玉磬与银筝对应。

人人都要尊敬老人，夫妻之间卿卿我我，晓燕与春莺对应。

用玉杵舂仙药,用金茎擎(qíng)承露盘来贮存甘露。
秋天商人在君山上吹笛,夜晚仙人在缑氏山中吹笙。
独自建立西汉王朝,都说汉高祖刘邦能用将;只知空读父亲赵奢的兵书,谁说赵括善于用兵。

功对业,性①对情②,月上③对云行④。

乘龙⑤对附骥(jì)⑥,阆(làng)苑⑦对蓬瀛(péng yíng)⑧。

《春秋》笔⑨,月旦评⑩,东作⑪对西成⑫。

隋珠⑬光照乘(shèng)⑭,和璧⑮价连城⑯。

三箭三人⑰唐将⑱勇,一琴一鹤赵公⑲清⑳。

汉帝㉑求贤,诏㉒访严滩㉓逢故旧㉔;宋廷㉕优老㉖,年尊洛社重耆(qí)英㉗。

【注释】

①性:事物的本质、特征、作用等。　②情:感情,外界事物引起的喜、怒、哀、乐等心理状态。　③月上:指月亮升空。　④云行:指云飘移。　⑤乘龙:得到像龙一样的女婿,比喻得到好女婿。　⑥附骥:即附骥尾。指蚊蝇附在好马的尾巴上,可以远行千里。比喻依附先辈或名人而成名。骥:好马。　⑦阆苑:即阆风之苑,传说中仙人的住处。　⑧蓬瀛:蓬莱(lái)和瀛洲,神山名。相传为仙人居住之处。也泛指仙境。　⑨《春秋》笔:相传孔子依据史实修《春秋》,该写则写,该删则删,字寓褒贬,使乱臣贼子惧。后指据事直书的史笔。

⑩月旦评:指品评人物。　⑪东作:指春天耕种。　⑫西成:指秋天收获庄稼。　⑬隋珠:春秋时隋侯的宝珠。　⑭照乘:指宝珠的光泽能照亮许多车辆。乘:古代称四匹马拉的兵车一辆为一乘。　⑮和璧:指和氏璧,春秋战国时楚国人卞(biàn)和发现的璧。　⑯价连城:形容物品的价值特别高。　⑰三箭三人:三支箭射死三个敌人。　⑱唐将:这里指薛仁贵,绛(jiàng)州龙门(今山西河津)人。唐高宗时因军功拜右威卫大将军,封平阳郡(jùn)公。　⑲赵公:指赵抃(biàn),字阅道,衢(qú)州西安(今浙江衢县)人。宋神宗时任参知政事。为人清廉,有"铁面御史"之称。　⑳清:廉洁公正。　㉑汉帝:指东汉的光武帝刘秀,字文叔,南阳蔡阳(今湖北枣阳西南)人。东汉王朝的建立者。　㉒诏:诏书,皇帝发布的命令。　㉓严滩:东汉的严光隐居于浙江富春山,人们称他钓鱼的地方为严滩。　㉔故旧:这里指严光,字子陵,会稽余姚(今属浙江)人。曾与刘秀同学,隐居不仕。　㉕宋廷:指北宋朝廷。　㉖优老:优待老人。　㉗耆英:年老而杰出的人。

【大意】

功与业对应,性与情对应,月上与云行对应。

乘龙与附骥对应,阆苑与蓬瀛对应。

春秋笔法,每月品评人物,东作与西成对应。

隋侯的宝珠发出的光能照亮许多车辆,和氏璧价值连城。

唐将薛仁贵三箭射死三个敌人,勇猛无比;赵抃带着一张琴一只鹤上任为官,廉洁公正。

东汉光武帝求贤若渴,下诏在严滩寻访并找到了老同学严子陵;北宋朝廷优待老人,在洛阳举办杰出老人聚会时以年长者为尊。

昏①对旦②,晦(huì)③对明,久雨对新晴。
蓼(liǎo)湾④对花港⑤,竹友⑥对梅兄⑦。
黄石叟⑧,丹丘生⑨,犬吠(fèi)⑩对鸡鸣。
暮山云外断,新水月中平。
半榻⑪清风宜⑫午梦,一犁好雨⑬趁春耕。
王旦⑭登庸⑮,误我⑯十年迟作相⑰;刘蕡(fén)⑱不第⑲,愧他多⑳士早成名。

【注释】

①昏:天色将黑的时候。 ②旦:天亮的时候;早晨。 ③晦:昏暗不明。 ④蓼湾:长满蓼的水湾。蓼:一年生或多年生草本植物,开淡红色或白色小花。 ⑤花港:长满花的小河。港:与江河湖泊相通的小河。 ⑥竹友:以竹子为朋友。 ⑦梅兄:以梅为兄长。 ⑧黄石叟:即黄石公。秦时的隐士。相传曾授《太公兵法》给张良。 ⑨丹丘生:指仙人。丹丘:传说中神仙居住之地,昼夜长明。 ⑩吠:狗叫。 ⑪榻:床。 ⑫宜:适合。 ⑬一犁好雨:足够开犁耕种的雨量。 ⑭王旦:字子明,大名莘(shēn,今山东莘县)人。宋真宗时曾任工部尚书、同中书门下平章事。 ⑮登庸:选拔任用。 ⑯我:这里指王钦若,字定国,临江军新喻(今江西新余)人。宋真宗时任参知政事、平章事。王钦若曾说:因为王旦,致使我当宰相晚了十年。 ⑰相:宰相。 ⑱刘蕡:见上卷"十二文"第2段注㉚。 ⑲不第:指科举考试时没有考上。 ⑳多:称赞。

【大意】

昏与旦对应,晦与明对应,久雨与新晴对应。

蓼湾与花港对应,竹友与梅兄对应。

黄石叟,丹丘生,犬吠与鸡鸣对应。

远处的山被傍晚的云遮断,容器中新汲(jí)的水在月光下很平静。

清风吹过半个床榻,适宜在午后睡觉做梦;落下一阵好雨,正好适合春天耕种。

王旦被朝廷重用,王钦若称这耽误他做宰相晚了十年;刘蕡没有被录取,使为此感到惭愧因而受人称赞的人早早成名。

九 青

【题解】

"九青"的"九"是序号,"青"是30个平声韵的代表字之一,表示与"青"归于同一韵部的字。"九青"中的"丁""屏""汀(tīng)""星""宁""亭""经"等都是与"青"同韵的字。

庚(gēng)①对甲②,己③对丁④,魏阙(què)⑤对彤(tóng)庭⑥。

梅妻对鹤子⑦,珠箔(bó)⑧对银屏⑨。

鸳(yuān)⑩浴沼(zhǎo)⑪,鹭(lù)⑫飞汀⑬,鸿雁⑭对鹡鸰(jílíng)⑮。

人间寿者相⑯,天上老人星⑰。

八月好修攀桂⑱斧,三春⑲须系护花铃⑳。

江阁㉑凭临㉒,一水净连天际㉓碧㉔;石栏闲倚,群山秀向雨余㉕青㉖。

【注释】

①庚:天干的第七位。　②甲:天干的第一位。　③己:

天干的第六位。　④丁:天干的第四位。　⑤魏阙:古代官门外两边高耸的楼观。也借指朝廷。　⑥彤庭:汉代宫廷。因用朱漆涂饰,故称。后也泛指皇宫。　⑦梅妻对鹤子:北宋诗人林逋(bū)隐居杭州西湖边的孤山,种梅养鹤,终身不娶,人们称他以梅为妻,以鹤为子。　⑧珠箔:即珠帘,珍珠缀(zhuì)成的帘子。箔:用苇子、秫秸(shújie)等编成的帘子。　⑨银屏:镶(xiāng)银的屏风。　⑩鸯:鸳鸯(yāng)。　⑪沼:天然的水池。　⑫鹭:鸟,嘴直而尖,颈和腿较长,生活在水边,种类很多。　⑬汀:水边的平地。　⑭鸿雁:鸟,嘴扁平,腿短,群居在水边,是一种冬候鸟,也叫大雁。　⑮鹡鸰:鸟,体小,尾巴较长,生活在水边。　⑯寿者相:迷信指主长寿的相貌。　⑰老人星:南部天空一颗光度较亮的二等星。古人认为它象征长寿,故称。　⑱攀桂:攀援或攀折桂枝,比喻科举考试被录取。　⑲三春:春天。　⑳护花铃:系在花上的铃,拉动发声可防止鹊(què)鸟伤害花朵。　㉑阁:一种供人游玩、休息或凭高远望的建筑物,一般为两层。　㉒凭临:从高处往下看。　㉓天际:天边。　㉔碧:青绿色。　㉕雨余:雨后。　㉖青:绿色。

【大意】

庚与甲对应,己与丁对应,魏阙与彤庭对应。

梅妻与鹤子对应,珠箔与银屏对应。

鸳鸯在水池中洗浴,白鹭飞上水边的平地,鸿雁与鹡鸰对应。

人间有预示长寿的相貌,天上有象征长寿的老人星。

八月份要好好磨砺(lì)准备去攀折桂枝的斧子,春天要给花系上保护花朵的铃铛(dāng)。

在江边的楼阁上俯瞰(kàn),只见一条纯净的水流与远处的天边连接成青绿色;悠闲自在地倚着石头栏杆,发现雨后秀丽的群山显得更加青翠。

危对乱,泰①对宁②,纳陛(bì)③对趋庭④。
金盘对玉箸(zhù)⑤,泛梗(gěng)⑥对浮萍⑦。
群玉圃(pǔ)⑧,众芳亭⑨,旧典⑩对新型。
骑牛闲读史⑪,牧豕(shǐ)自横经⑫。
秋首⑬田中禾颖⑭重,春余⑮园内菜花馨(xīn)⑯。
旅次⑰凄凉,塞⑱月江风皆惨淡⑲;筵(yán)⑳前欢笑,燕歌㉑赵舞㉒独娉婷(pīngtíng)㉓。

【注释】

①泰:安宁;安舒。　②宁:安定。　③纳陛:古代帝王赐给有特殊功勋的诸侯或大臣的一种特别待遇。陛:宫殿的台阶。　④趋庭:快步走过庭院。趋:快走。　⑤箸:筷子。　⑥泛梗:漂浮的桃梗。泛:漂浮。　⑦浮萍:浮生在水面上的一种草本植物,叶扁平,呈椭圆形或倒卵形,叶下生须根,开白色花。　⑧群玉圃:群玉山上的园地。群玉:即群玉山,神话中的仙山,产玉。圃:种植菜蔬、瓜果等的园地。　⑨众芳亭:百花盛开的亭子。众芳:百花。　⑩旧典:旧时的制度、法则。　⑪骑牛闲读史:指隋朝的李密把《汉书》挂在牛角上,一边骑牛一边读书。　⑫牧豕自横经:指汉代的公孙弘一边放猪,一边读经。豕:猪。　⑬秋首:初秋。　⑭禾颖:带芒的谷穗。颖:稻、麦等植物籽实带芒的外壳。　⑮春余:春末;晚春。　⑯馨:传得很远的香气。　⑰旅

次:旅途中寄居的地方。 ⑱塞:边界上可据以御敌的险要地方。 ⑲惨淡:悲惨凄凉。 ⑳筵:酒席。 ㉑燕歌:指悲壮的燕地歌谣(yáo)。 ㉒赵舞:指美妙的舞蹈(dǎo)。因相传古代赵国女子善舞,故称。 ㉓娉婷:形容女子的姿态优美。

【大意】

危与乱对应,泰与宁对应,纳陛与趋庭对应。

金盘与玉箸对应,泛梗与浮萍对应。

群玉山上的园子,百花盛开的亭子,旧典与新型对应。

骑着牛悠闲地读史书,边放猪边读经典。

初秋时节,田中带芒的谷穗十分饱满;晚春时,园子里的菜花散发出香气。

旅途中凄凉寂寞,边塞上的月亮、江上的风都让人感到暗淡凄惨;酒席前欢声笑语,燕地的歌谣、赵地的舞蹈是最优美的。

十 蒸

【题解】

"十蒸"的"十"是序号,"蒸"是30个平声韵的代表字之一,表示与"蒸"归于同一韵部的字。"十蒸"中的"菱(líng)""绫(líng)""升""僧""称""登""朋"等都是与"蒸"同韵的字。

萍①对蓼(liǎo)②,芡(qiàn)③对菱④,雁弋(yì)⑤对鱼罾(zēng)⑥。

齐纨(wán)⑦对鲁缟(gǎo)⑧,蜀锦⑨对吴绫⑩。

星渐没(mò)⑪,日初升,九聘⑫对三征⑬。

萧何⑭曾作吏⑮,贾岛⑯昔为僧⑰。

贤人⑱视履⑲循规矩,大匠⑳挥斤㉑按㉒准绳㉓。

野渡㉔春风,人喜乘潮移酒舫(fǎng)㉕;江天㉖暮雨,客愁隔岸对渔灯㉗。

【注释】

①萍:浮萍,一年生草本植物,浮生在水面上,叶子扁平,呈椭圆

形或倒卵形,叶下生须根,开白色花。　②蓼:一年生或多年生草本植物,开淡红色或白色小花。种类很多。　③芡:多年生草本植物,生在浅水中,叶子像荷叶,浮在水面上,开紫色花。果实叫芡实或鸡头米。有的本子作"茈"。　④菱:一年生草本植物,生在池沼(zhǎo)中,根生在泥里,叶子浮在水面上,开白花。果实也叫菱,有带角的硬壳。　⑤雁弋:一种用来射雁的箭,系有绳子。　⑥罾:一种方形渔网,以木棍或竹竿为支架。　⑦齐纨:齐地出产的白细绢。也泛指名贵的丝织品。　⑧鲁缟:古代鲁地出产的一种白色生绢,以薄细著称。缟:有的本子作"绮(qǐ)"。　⑨蜀锦:四川生产的彩锦,色彩鲜艳,质地坚韧。　⑩吴绫:吴地生产的绫子,一种像缎(duàn)子而比缎子轻薄的丝织品。　⑪没:隐藏;消失。　⑫九聘:多次聘请。　⑬三征:多次征召。　⑭萧何:见下卷"五歌"第1段注⑰。　⑮吏:旧时官府中的小官或差役。　⑯贾岛:见下卷"一先"第2段注④。　⑰僧:男性佛教徒。　⑱贤人:有品德或才能的人。　⑲履:鞋。　⑳大匠:技艺高超的木工。　㉑斤:斧子。　㉒按:有的本子作"校"。　㉓准绳:测定物体平直的器具。　㉔野渡:荒野之处或村野的渡口。　㉕酒舫:供客人饮酒游乐的船。舫:船。　㉖江天:江和天。多指江河上广阔的空际。　㉗渔灯:渔船上的灯。

【大意】

萍与蓼对应,芡与菱对应,雁弋与鱼罾对应。

齐纨与鲁缟对应,蜀锦与吴绫对应。

星星渐渐隐没,太阳刚刚升起,九聘与三征对应。

萧何曾经做过沛县的小官,贾岛以前当过和尚。

贤明的人一言一行都遵循规矩,技艺高超的木工按照准绳用斧子劈削木材。

村野的渡口吹来春风,人们高兴地趁着潮水移动酒舫;傍晚江河上下起了雨,客人忧愁地看着对岸的渔灯。

谈对吐①,谓②对称③,冉(rǎn)闵(mǐn)④对颜曾⑤。侯嬴(yíng)⑥对伯嚭(pǐ)⑦,祖逖(tì)⑧对孙登⑨。抛白纻(zhù)⑩,宴红绫(líng)⑪,胜友⑫对良朋。争名如逐鹿⑬,谋利似趋蝇⑭。仁杰⑮姨惭周⑯不仕⑰,王陵⑱母识汉方兴⑲。句写穷愁⑳,浣(huàn)花㉑寄迹㉒传工部㉓;诗吟㉔变乱㉕,凝碧㉖伤心叹右丞㉗。

【注释】

①吐:陈说。　②谓:称呼。　③称:叫作。　④冉闵:冉有和闵子骞(jiǎn),都是孔子的学生。　⑤颜曾:颜回和曾参(shēn),都是孔子的学生。　⑥侯嬴:战国时魏国人。曾任大梁夷门的守门小吏,信陵君把他奉为上宾。　⑦伯嚭:一作白喜。春秋时楚国人。后逃到吴国,因功升为太宰。善奉迎,深受吴王夫差宠信。　⑧祖逖:见下卷"一先"第4段注⑥。　⑨孙登:字公和,晋时汲郡(jíjùn)共县(今河南辉县)人。隐居不仕,重修养。　⑩白纻:白衣,古代读书人未取得功名时所穿的衣服。　⑪红绫:指红绫饼餤(dàn),古代一种珍贵的饼类食品。因外裹红绫,故称。　⑫胜友:良友;好朋友。　⑬逐鹿:比喻争夺天下。也泛指争夺、竞

争。　⑭趋蝇:趋附的苍蝇。　⑮仁杰:指狄(dí)仁杰,字怀英,并州太原(今属山西)人。武则天时任同凤阁鸾(luán)台平章事,极受宠。　⑯周:唐代武则天称帝时的国号。　⑰不仕:不做官。这里指狄仁杰的堂姨不愿让自己的儿子在武则天手下当官。　⑱王陵:秦末汉初沛县(今属江苏)人。楚汉战争中支持刘邦。汉朝建立后封安国侯,曾任右丞相。　⑲方兴:刚刚兴起。　⑳穷愁:穷困忧愁。　㉑浣花:即浣花溪。又名百花潭。在四川成都市西郊。　㉒寄迹:暂时托身;借住。　㉓工部:指唐代诗人杜甫,因曾被荐为检校工部员外郎,故世称杜工部。　㉔吟:有节奏地诵读。　㉕变乱:由战争或暴力造成的混乱。　㉖凝碧:指凝碧池,唐代宫苑中的池名。　㉗右丞:指王维,字摩诘(jié),唐代太原祁(qí,今山西祁县)人。曾任尚书右丞。擅长五言诗,精于书画。安史之乱时,曾写《凝碧诗》表达忧伤之情。

【大意】

谈与吐对应,谓与称对应,冉闵与颜曾对应。

侯嬴与伯嚭对应,祖逖与孙登对应。

科举及第后脱掉白衣,皇帝宴请新科进士吃红绫饼,胜友与良朋对应。

争夺名声就像打猎时追逐鹿一样,谋取利益好比苍蝇趋附腐臭的东西。

狄仁杰的堂姨不满武则天的周朝而不让儿子出来当官,王陵的母亲在刘邦刚刚兴起的时候便认定他将夺得天下。

杜甫寄身浣花溪,诗句中写的都是穷困忧愁之事;王维伤心安禄(lù)山在凝碧宫宴请属下之事,写《凝碧诗》反映当时发生的祸乱。

十一尤

【题解】

"十一尤"的"十一"是序号,"尤"是30个平声韵的代表字之一,表示与"尤"归于同一韵部的字。"十一尤"中的"忧""愁""头""秋""流""楼""牛"等都是与"尤"同韵的字。

荣[①]对辱[②],喜对忧,缱绻(qiǎnquǎn)[③]对绸缪(móu)[④]。
吴娃[⑤]对越女[⑥],野马对沙鸥[⑦]。
茶解渴,酒消愁,白眼[⑧]对苍头[⑨]。
马迁[⑩]修《史记》[⑪],孔子[⑫]作《春秋》[⑬]。
莘(shēn)野耕夫[⑭]闲举耜(sì)[⑮],渭滨渔父[⑯]晚垂钩。
龙马游河[⑰],羲帝[⑱]因图[⑲]而画卦(guà)[⑳];神龟出洛[21],禹王[22]取法以明畴[23]。

【注释】

①荣:光彩。　②辱:声誉上受到的损害。　③缱绻:形容感情深厚,难舍难分。　④绸缪:纠缠不已,不能解脱。

⑤吴娃:吴地的美女。 ⑥越女:越地的美女。 ⑦沙鸥:栖息于沙滩、沙洲上的鸥鸟。鸥:鸟,前趾有蹼(pǔ),翼长而尖,善飞翔,能游水。 ⑧白眼:露出眼白。表示鄙视或厌恶。 ⑨苍头:用青巾裹头的士兵。 ⑩马迁:指司马迁,字子长,夏阳(今陕西韩城南)人。初任郎中,后继父亲司马谈之职任太史令。著有《史记》。 ⑪《史记》:我国历史上第一部纪传体通史。记载了从中国远古时期到汉武帝时代共约三千年的历史。 ⑫孔子:见上卷"十四寒"第3段注⑭。 ⑬《春秋》:我国古代的编年体史书,记述鲁国的历史。相传经过孔子的修订。 ⑭莘野耕夫:指伊尹,名阿衡。一说名挚。出身寒微,曾在有莘国的郊野耕种。后辅佐商汤推翻夏朝。莘野:即有莘国的郊野。有莘国是古国名,在今河南陈留。 ⑮耜:古代的一种农具,形状像现在的锹(qiāo)。 ⑯渭滨渔父:指姜尚,俗称姜太公。见上卷"一东"第3段注⑬。渭:渭河,水名,发源于甘肃,流经陕西入黄河。滨:水边。 ⑰龙马游河:传说伏羲时有龙马从黄河中出来,其身上有八卦状的纹。 ⑱羲帝:指伏羲。我国传说中的人物。据传他教民结网,从事渔猎畜牧,又始作八卦。 ⑲因图:指根据龙马身上的图纹。 ⑳卦:指八卦,《周易》中八种有象征意义的符号。每一卦由阴爻(yáo,--)和阳爻(—)相叠而成,并代表一定属性的事物。 ㉑神龟出洛:传说夏禹时有神龟从洛水中出来,其背上有文字。 ㉒禹王:见上卷"四支"第3段注⑭。 ㉓取法以明畴:指大禹依据神龟背上的文字创作了《洪范》"九畴"即治理天下的九类大法。畴:指《尚书·洪范》中的"九畴"。

【大意】

荣与辱对应,喜与忧对应,缱绻与绸缪对应。

吴娃与越女对应,野马与沙鸥对应。

茶可以解渴,酒能够消愁,白眼与苍头对应。

司马迁写作《史记》,孔子修订《春秋》。

伊尹在有莘国的郊野悠闲地举耜翻土,姜尚傍晚在渭水边垂钓。

龙马在黄河中游动,伏羲根据其身上的图纹创作了八卦;神龟从洛河中出来,大禹依照龟背上的文字创作了治理天下的九类大法。

冠①对履②,舄(xì)③对裘(qiú)④,院小对庭幽⑤。

面墙⑥对膝地⑦,错智⑧对良筹⑨。

孤嶂(zhàng)⑩耸,大江流,方泽⑪对圆丘⑫。

花潭⑬来越唱⑭,柳屿(yǔ)⑮起吴讴(ōu)⑯。

莺(yīng)⑰懒燕忙三月雨,蛩(qióng)⑱催蝉退一天秋。

钟子⑲听琴,荒径⑳入林山寂寂㉑;谪(zhé)仙㉒捉月㉓,洪涛㉔接岸水悠悠㉕。

【注释】

①冠:帽子。 ②履:鞋。 ③舄:古代一种底上垫有木板的鞋。 ④裘:皮衣;用毛皮做的衣服。 ⑤庭幽:庭院幽深。 ⑥面墙:面对墙壁。 ⑦膝地:膝盖着地。 ⑧错智:指晁错的智慧。错:晁错,西汉颍(yǐng)川(治今河南禹县)人。汉景帝时任御史大夫,有"智囊(náng)"之称。 ⑨良筹:指张良的谋划。良:张良,见下卷"四豪"第3段注⑩。

⑩嶂:像屏障一样直立高耸的山峰。　⑪方泽:古时夏日祭(jì)地祇(qí)的方坛。因坛设于泽中,故称。方:有的本子作"芳"。　⑫圆丘:古代祭天的圆形高坛。　⑬花潭:长满花的深水池。　⑭越唱:越地的曲调。唱:曲调;唱词。　⑮柳屿:种满柳树的小岛。屿:小岛。　⑯吴讴:吴地的民歌。讴:民歌;歌曲。　⑰莺:鸟,身体小,嘴短而尖。叫声清脆。种类很多。　⑱蛩:蟋蟀(xīshuài)。　⑲钟子:指钟子期,古代传说中善于知音的人。　⑳径:小路。　㉑寂寂:寂静无声的样子。　㉒谪仙:指李白。见上卷"五微"第1段注⑲。　㉓捉月:传说李白醉后坐船,见江中月影,用手去捧月,结果被淹死。　㉔洪涛:巨大的波浪。　㉕悠悠:连绵不尽的样子。

【大意】

冠与履对应,舄与裘对应,院小与庭幽对应。

面墙与膝地对应,错智与良筹对应。

孤峰高耸,大江奔流,方泽与圆丘对应。

长满花的水池旁传来越地的曲调,种满柳树的小岛上响起吴地的民歌。

三月的雨天里,黄莺躲在窝里,燕子忙碌(lù)不停;进入秋天,蟋蟀的叫声急促,知了不见了踪影。

钟子期听人弹琴,能从琴声中听出荒凉的小路通入树林,山中寂静无声;李白醉后捧捉江中的月影,只见巨浪拍岸,江水漫无边际。

鱼对鸟,鹡(jí)①对鸠②,翠馆③对红楼④。

七贤⑤对三友⑥,爱日⑦对悲秋⑧。

虎类狗⑨,蚁如牛⑩,列辟(bì)⑪对诸侯⑫。

陈唱《临春乐》⑬,隋歌《清夜游》⑭。

空中事业⑮麒麟(qílín)阁⑯,地下文章鹦鹉(yīngwǔ)洲⑰。

旷野⑱平原,猎士⑲马蹄轻似箭;斜风细雨,牧童牛背稳如舟。

【注释】

①鹡:鹡鸰(líng),鸟,体小,尾巴较长,生活在水边,以昆虫和小鱼等为食。　②鸠:外形像鸽子的一类鸟,常见的有斑鸠。　③翠馆:青楼,即妓院。　④红楼:华美的楼房。也指妓院。　⑤七贤:指竹林七贤,魏晋时期的阮籍、嵇(jī)康、山涛、向秀、阮咸、王戎、刘伶(líng)七位名士,因他们常在竹林中聚会,故称。　⑥三友:指岁寒三友,即松、竹、梅。　⑦爱日:珍惜时光。　⑧悲秋:为秋天景色的萧条凄凉而感到悲伤。　⑨虎类狗:指画虎不成反类狗,比喻仿效失真,弄得不伦不类。　⑩蚁如牛:听到蚂蚁爬行的声音以为是牛在争斗,形容体虚心悸(jì)。　⑪列辟:历代君主;诸侯。辟:君主;帝王。　⑫诸侯:古代帝王所分封的各国君主。　⑬陈唱《临春乐》:指陈朝的陈后主陈叔宝在临春阁中令宫女唱《临春乐》。　⑭隋歌《清夜游》:指隋炀(yáng)帝时在宫中唱《清夜游》。　⑮空中事业:指在高处绘功臣像表彰他们的功劳。　⑯麒麟阁:汉代阁名。在未央宫中。汉宣帝时曾把霍光等十一个功臣的像画在阁上。　⑰地下文章鹦鹉洲:指三国时写《鹦鹉赋》的祢(mí)衡死后被埋在了鹦鹉洲。鹦鹉洲:洲名。在湖

北汉阳西南江中。因祢衡曾在此地作《鹦鹉赋》，故名。

⑱旷野：空旷的原野。　　⑲猎士：猎人。

【大意】

鱼与鸟对应，鹚与鸠对应，翠馆与红楼对应。

七贤与三友对应，爱日与悲秋对应。

画虎画得像狗，听到蚂蚁爬行以为是牛在争斗，列辟与诸侯对应。

陈后主命宫女唱《临春乐》，隋炀帝时在宫中唱《清夜游》。

麒麟阁中高高画着功臣像，以表彰他们的功绩；鹦鹉洲下埋着才子祢衡，他曾经写过《鹦鹉赋》。

在空旷的平原上，猎人骑着马，轻快得像箭一样；在斜风细雨中，牧童骑在牛背上，安稳得像坐在船上。

十二侵

【题解】

"十二侵"的"十二"是序号,"侵"是30个平声韵的代表字之一,表示与"侵"归于同一韵部的字。"十二侵"中的"吟""今""阴""林""金""临""深"等都是与"侵"同韵的字。

歌对曲,啸(xiào)①对吟②,往古③对来今④。

山头对水面,远浦(pǔ)⑤对遥岑(cén)⑥。

勤三上⑦,惜寸阴⑧,茂树对平林⑨。

卞(biàn)和⑩三献玉,杨震⑪四知⑫金。

青皇⑬风暖催芳草⑭,白帝城⑮高急⑯暮砧(zhēn)⑰。

绣虎⑱雕龙⑲,才子窗前挥彩笔⑳;描鸾(luán)㉑刺㉒凤,佳人㉓帘下度金针㉔。

【注释】

①啸:人撮(cuō)口发出长而清越的声音。　②吟:有节奏地诵读。　③往古:从前。　④来今:现今;现世。

⑤远浦:远处的山边。浦:山边;河岸。　⑥遥岑:远处陡峭

的小山崖。岑:小而高的山。　⑦三上:指马上、枕上、厕上。　⑧寸阴:短暂的光阴。　⑨平林:平原上的树林。　⑩卞和:一作和氏。春秋时楚国人。相传他得到一块玉璞(pú),曾三次向楚王呈献。　⑪杨震:字伯起,弘农华阴(今属陕西)人。汉安帝时曾任太尉。为官清廉。　⑫四知:指天知、神知、我知、你知。　⑬青皇:即青帝,传说中位于东方的司春之神。　⑭芳草:香草。　⑮白帝城:古城名。在今重庆奉节东白帝山上。筑于东汉初年。　⑯急:急促。　⑰砧:指捣衣石。　⑱绣虎:三国时的曹植文才出众,人称绣虎。后用来指擅长诗文、词藻(zǎo)华丽的人。　⑲雕龙:比喻善于修饰文字或刻意雕琢(zhuó)文字。　⑳彩笔:指词藻华丽的文笔。　㉑鸾:传说中凤凰一类的鸟。㉒刺:刺绣,一种手工艺,用彩色丝线在纺织品上绣出花鸟、景物等。　㉓佳人:美人。　㉔度金针:指用针刺绣。金针:针的美称。

【大意】

歌与曲对应,啸与吟对应,往古与来今对应。

山头与水面对应,远浦与遥岑对应。

在马上、枕上、厕上勤奋用功,珍惜短暂的光阴,茂树与平林对应。

卞和三次把玉献给楚王,杨震拒绝收金是因为天知、神知、我知、你知。

春天的暖风催促香草生长,高高的白帝城晚上传来急促的捣衣声。

才子在窗前挥笔写作词藻华丽的文章,美人在帘下用金针刺绣鸾凤。

登对眺(tiào)①,涉②对临③,瑞雪④对甘霖(lín)⑤。主⑥欢对民乐,交浅⑦对言深⑧。

耻三战⑨,乐七擒⑩,顾曲⑪对知音⑫。大车⑬行槛(jiàn)槛⑭,驷(sì)马⑮骤(zhòu)⑯骎(qīn)骎⑰。

紫电⑱青虹⑲腾⑳剑气㉑,高山流水㉒识琴心㉓。

屈子㉔怀君㉕,极浦(pǔ)㉖吟风㉗悲泽畔㉘;王郎㉙忆友,扁(piān)舟㉚卧雪访山阴㉛。

【注释】

①眺:往远处看。　②涉:徒步过水,泛指从水上经过。③临:从上往下看。　④瑞雪:应时的好雪。　⑤甘霖:适时的好雨。　⑥主:君主。　⑦交浅:交情不深。⑧言深:交谈时推心置腹。　⑨耻三战:指春秋时的鲁国将领曹沫以与齐国作战时三次都被打败为耻。⑩七擒:指三国时诸葛亮七次生擒西南少数民族的一个酋(qiú)长孟获。⑪顾曲:回头看弹奏曲子的人。顾:回头。　⑫知音:懂得音乐的内涵。也指真正了解自己的人。⑬大车:古代指牛车。　⑭槛槛:车前行时发出的声音。⑮驷马:驾一辆车的四匹马。　⑯骤:马奔跑。　⑰骎骎:马疾速奔驰的样子。　⑱紫电:紫色的光芒。一说指古宝剑名。⑲青虹:彩虹。一说指古宝剑名。　⑳腾:闪现。　㉑剑气:剑的光芒。　㉒高山流水:指琴曲表达的是高山和流水,后比喻知音难遇或乐曲高妙。㉓琴心:琴声表达的情意或内容。　㉔屈子:指屈原,名平,字原。楚国贵族,曾任

左徒、三闾(lú)大夫等职。作品有《离骚》《天问》等。　㉕君:指楚怀王,战国时楚国国君。去秦国访问时被扣留,后死在秦国。　㉖极浦:极远的水边。浦:水边。　㉗风:指《悲回风》,《楚辞·九章》中的篇名,屈原作。通篇忧郁愤懑(mèn),表达了宁死不随俗的决心。　㉘泽畔:水泽旁边。畔:旁边。　㉙王郎:指王徽之,字子猷(yóu),王羲之的儿子。性放荡不羁(jī),曾任大司马桓温的参军及黄门侍郎。　㉚扁舟:小船。　㉛山阴:旧县名。因在会稽山之阴(北)而得名,治今浙江绍兴市。

【大意】

登与眺对应,涉与临对应,瑞雪与甘霖对应。

主欢与民乐对应,交浅与言深对应。

曹沫对三战皆败感到羞耻,诸葛亮七擒孟获使他心悦诚服,顾曲与知音对应。

牛车前行时发出咯吱咯吱的声音,四匹马拉的车疾速奔驰。

宝剑闪现出紫色和彩虹一样的光芒,从琴曲中就能听出志在高山和志在流水。

屈原怀念自己的国君,在极远的水边忧伤地吟诵《悲回风》;王徽之想念朋友,在雪天里乘坐小船从山阴前去拜访。

十三覃(tán)

【题解】

"十三覃"的"十三"是序号,"覃"是30个平声韵的代表字之一,表示与"覃"归于同一韵部的字。"十三覃"中的"南""谈""三""蓝""柑(gān)""男""岚(lán)"等都是与"覃"同韵的字。

宫对阙(què)①,座对龛(kān)②,水北对天南。蜃(shèn)楼③对蚁郡(jùn)④,伟论⑤对高谈⑥。遴(lín)⑦杞梓(qǐzǐ)⑧,树⑨梗楠(piánnán)⑩,得一⑪对函三⑫。

八宝⑬珊瑚(shānhú)⑭枕,双珠玳瑁(dàimào)⑮簪(zān)⑯。

萧王⑰待士⑱心惟赤,卢相⑲欺君⑳面独蓝。

贾岛㉑诗狂㉒,手拟㉓敲门行处想;张颠㉔草圣㉕,头能濡(rú)㉖墨写时酣(hān)㉗。

【注释】

①阙:古代宫殿门前两边供瞭望的楼台,泛指帝王的住所。 ②龛:供奉神位、佛像等的小阁子。 ③蜃楼:古人指由蜃气变幻而成的楼阁。蜃:大蛤蜊(gélí)。 ④蚁郡:由蚂蚁组成的郡。 ⑤伟论:见识广博的言论。 ⑥高谈:高明的言谈。 ⑦遴:选择;挑选。 ⑧杞梓:杞和梓,都是优良木材,比喻优秀的人才。 ⑨树:栽种;种植。 ⑩楩楠:黄楩木和楠木,泛指栋梁之材。 ⑪得一:指得道,即达到顺应自然、与天合一的境界。 ⑫函三:指包含天、地、人三气。 ⑬八宝:各种珠宝。 ⑭珊瑚:海洋中大量珊瑚虫(生活在海洋中的一种腔肠动物)的石灰质骨骼(gé)聚集而成的东西,多为树枝状。可供观赏或做装饰品。 ⑮玳瑁:一种形状像龟的爬行动物,生活在热带和亚热带海中。 ⑯簪:簪子,别住发髻(jì)使不散乱的一种首饰,条状,用金属、玉石等制成。 ⑰萧王:指东汉的光武帝刘秀,他曾被封为萧王。 ⑱士:对人的美称。 ⑲卢相:指卢杞,字子良,唐代滑州灵昌(今河南滑县西南)人。曾任相。能言善辩,嫉贤妒能。 ⑳君:君主。 ㉑贾岛:见下卷"一先"第2段注④。 ㉒诗狂:指写诗时进入癫(diān)狂状态。 ㉓拟:比划。 ㉔张颠:即张旭,唐时吴郡(今江苏苏州)人。擅长草书,爱喝酒,常常醉后号呼狂走,用笔随意挥洒,变化无穷,人们称之为"张颠"。 ㉕草圣:对在草书艺术上有卓越成就的人的美称。 ㉖濡:沾湿。 ㉗酣:畅快;尽兴。

【大意】

宫与阙对应,座与龛对应,水北与天南对应。

蜃楼与蚁郡对应,伟论与高谈对应。

像选择杞和梓一样选拔人才,像种植黄楩木和楠木一样培养人才,得一与函三对应。

用珊瑚做成的八宝枕头,用玳瑁做的镶(xiāng)有双珠的簪子。

萧王刘秀用赤诚之心对待别人,蓝面宰相卢杞经常欺骗皇帝。

贾岛写诗时进入癫狂状态,一边走一边用手比划敲门的动作;张旭被称为草圣,能用头蘸(zhàn)着墨水畅快淋漓(lí)地写字。

闻对见,解①对谙(ān)②,三橘(jú)对双柑(gān)。
黄童③对白叟④,静女⑤对奇男⑥。
秋七七⑦,径三三⑧,海色对山岚(lán)⑨。
鸾(luán)⑩声何哕(huì)哕⑪,虎视正眈(dān)眈⑫。
仪封疆吏⑬知尼父⑭,函谷关人⑮识老聃(dān)⑯。
江相⑰归池⑱,止水⑲自盟⑳真是止;吴公㉑作宰㉒,贪泉㉓虽饮亦何贪?

【注释】

①解:明白;懂。　②谙:熟悉。　③黄童:幼童。
④白叟:白发老人。　⑤静女:娴(xián)静的女子。
⑥奇男:不平凡的男子。　⑦秋七七:指唐代道士殷文祥(自称七七)能在秋天让杜鹃开花。　⑧径三三:宋代的杨万里在花园里开辟九径,分别种不同的花木,称之为三三径。
⑨山岚:山中的雾气。　⑩鸾:传说中凤凰一类的鸟。
⑪哕哕:有节奏的铃声。这里指有节奏的鸣叫声。　⑫眈眈:形容眼睛注视。　⑬仪封疆吏:仪地的一个边疆小官。仪:地名,具体位置待考。封疆:边疆。　⑭尼父:指孔子。

见上卷"十四寒"第3段注⑭。　⑮函谷关人：指尹（yǐn）喜。相传是春秋末的道家，曾任函谷关尹，随老子出关西去。函谷关：在今河南灵宝市东北王垛村。因关在谷中，深险如函，故名。　⑯老聃：即老子，姓李，名耳，楚国苦县（今河南鹿邑〔yì〕东，一说为今安徽涡〔guō〕阳）人。道家学派的创始人。代表作是《老子》。　⑰江相：指江万里，字子远，都昌（今属江西）人。南宋度宗时任左丞相兼枢密使。　⑱归池：这里指跳入水池自杀。　⑲止水：江万里所挖的水池名。原意为静止不流的水。这里有生命终止于此水的意思。　⑳盟：发誓。　㉑吴公：指吴隐之，字处默，濮（pú）阳鄄（juàn）城（今山东鄄城北）人。晋安帝时任广州刺史。以后又任度支尚书、光禄（lù）大夫。为官清廉。　㉒作宰：这里指任广州刺史。　㉓贪泉：泉名。在广东南海市。据说喝了贪泉水的人会变得很贪婪。

【大意】

闻与见对应，解与谙对应，三橘与双柑对应。

黄童与白叟对应，静女与奇男对应。

殷七七能在秋天让杜鹃开花，杨万里在花园里开辟三三径，海色与山岚对应。

鸾凤发出有节奏的鸣叫声，老虎正凶狠地注视着猎物。

仪地的边境小官能认识到孔子非同寻常，函谷关的尹喜知道老子是一位真人。

南宋宰相江万里投入止水池自尽，兑现了自己的誓言；吴隐之任广州刺史，虽然喝了贪泉之水却并未成为贪官。

十四盐

【题解】

"十四盐"的"十四"是序号,"盐"是30个平声韵的代表字之一,表示与"盐"归于同一韵部的字。"十四盐"中的"炎""严""谦""帘""占""尖""淹"等都是与"盐"同韵的字。

宽①对猛②,冷对炎③,清直④对尊严⑤。
云头⑥对雨脚⑦,鹤发⑧对龙髯(rán)⑨。
风(fēng)⑩台谏(jiàn)⑪,肃⑫堂廉⑬,保泰⑭对鸣谦⑮。
五湖⑯归范蠡(lǐ)⑰,三径⑱隐陶潜⑲。
一剑成功⑳堪㉑佩印㉒,百钱满卦(guà)便垂帘㉓。
浊酒㉔停杯,容我半酣(hān)㉕愁际㉖饮;好花傍座,看他微笑悟时拈(niān)㉗。

【注释】

①宽:宽大;不严厉。　②猛:严厉。　③炎:天气极热。
④清直:清廉正直。　⑤尊严:尊贵威严。　⑥云头:云端;高空。　⑦雨脚:密集落地的雨点。　⑧鹤发:白发。

⑨龙髯:龙的胡须。　⑩风:通"讽",指劝谏。　⑪台谏:台官和谏官,唐宋时设立,负责纠弹、提出建议等。　⑫肃:庄重;严肃。　⑬堂廉:殿堂的侧边,借指朝廷。　⑭保泰:保持安定的局面。　⑮鸣谦:有名而仍然谦虚。鸣:闻名。　⑯五湖:古代吴越地区的湖泊。　⑰范蠡:字少伯,楚国宛(今河南南阳)人。春秋时期越国大夫,曾助越王勾践灭吴。后改名鸱(chī)夷子皮,隐居齐国,以经商致富,号陶朱公。　⑱径:小路。　⑲陶潜:即陶渊明。见上卷"六鱼"第1段注⑱。　⑳一剑成功:指战国时苏秦说服燕、赵、韩、魏、齐、楚六国共同对付秦国。　㉑堪:能;可以。　㉒佩印:指佩带六国的宰相之印。　㉓百钱满卦便垂帘:指汉代的严遵(字君平)为人算卦,每天所得报酬满一百钱即垂下帘子不再营业。　㉔浊酒:较混浊的酒,用糯(nuò)米、黄米等酿制而成。　㉕酣:饮酒畅快、尽兴。　㉖愁际:发愁的时候。　㉗微笑悟时拈:这里指释迦(jiā)牟尼手中拈花,迦叶尊者见后心中觉悟,露出微笑。拈:用两三个手指头夹捏取物。

【大意】

宽与猛对应,冷与炎对应,清直与尊严对应。

云头与雨脚对应,鹤发与龙髯对应。

台官和谏官从事劝谏工作,朝堂上庄严肃穆,保泰与鸣谦对应。

范蠡帮助越王灭吴后泛舟五湖,陶潜辞官后回家隐居。

苏秦说服六国联合对付秦国后一人佩带六国相印,严遵算卦赚够一百钱就垂下帘子停止营业。

发愁的时候饮酒,让我把浊酒喝个半醉后再停杯不饮;座位旁边的好花,等到他觉悟露出微笑时再用手去拿。

连对断,减对添,淡泊①对安恬②。

回头对极目③,水底对山尖。

腰袅(niǎo)袅④,手纤纤⑤,凤卜⑥对鸾(luán)占⑦。

开田多种粟⑧,煮海⑨尽成盐。

居同九世⑩张公艺⑪,恩给千人范仲淹⑫。

箫(xiāo)弄凤来,秦女有缘能跨羽⑬;鼎成龙去⑭,轩(xuān)⑮臣无计⑯得攀髯(rán)⑰。

【注释】

①淡泊:不追求名利。　②安恬:安详恬淡。　③极目:用尽目力远望。　④袅袅:纤长柔美的样子。　⑤纤纤:女子的手柔细的样子。　⑥凤卜:即卜凤,指选择女婿。　⑦鸾占:待考。　⑧粟:谷子,一年生草本植物,茎直立,籽实圆形或椭圆形,脱壳后叫小米。　⑨煮海:指取海水熬盐。　⑩九世:九代。　⑪张公艺:唐朝郓(yùn)州寿张(今山西梁山西北)人。因家中九代人同居,曾受到唐太宗、唐高宗的褒奖。　⑫范仲淹:字希文,北宋苏州吴县(今属江苏)人。曾任参知政事,提倡改革。所作《岳阳楼记》为世人所熟知。　⑬箫弄凤来,秦女有缘能跨羽:说的是秦穆公的女儿弄玉与擅长吹箫的萧史引凤下降的故事。　⑭鼎成龙去:传说黄帝曾在荆山铸鼎,鼎成后乘龙升天而去。　⑮轩:轩辕(yuán)的省称,是黄帝的名号,因居于轩辕之丘,故称。　⑯无计:没有办法。　⑰攀髯:攀持龙的胡须,表示追随帝王。

【大意】

连与断对应,减与添对应,淡泊与安恬对应。

回头与极目对应,水底与山尖对应。

腰肢细长柔美,手纤细柔软,凤卜与鸾占对应。

开垦田地多种谷子,把海水都煮成盐。

张公艺一家九代同居,范仲淹给上千人以恩惠。

用箫声把凤凰引来,秦穆公的女儿有缘能乘凤飞升;黄帝铸鼎成功后乘龙而去,他的臣子没有办法攀持龙须同行。

人对己,爱对嫌,举止对观瞻①。

四知②对三语③,义正④对辞严⑤。

勤雪案⑥,课⑦风檐(yán)⑧,漏箭⑨对书笺(jiān)⑩。

文繁⑪归獭祭(tǎjì)⑫,体艳⑬别⑭香奁(lián)⑮。

昨夜题梅⑯更一字⑰,早春来燕卷重帘⑱。

诗以史名⑲,愁里悲歌⑳怀杜甫㉑;笔经人索㉒,梦中显晦(huì)㉓老江淹㉔。

【注释】

①观瞻:观看,瞻望。　②四知:指天知、神知、我知、你知。③三语:三个字。指晋代阮宣子回答太尉王衍的"将无同"三个字,意为大概没有什么不同。　④义正:道理正当。⑤辞严:措辞严肃。　⑥勤雪案:在落满雪的桌子上勤奋学习。　⑦课:考试评定。　⑧风檐:风中的屋檐。也指科举考试的场所。　⑨漏箭:漏壶的部件,上面刻有时辰度数,随水浮沉以计时。　⑩书笺:即书签,悬在卷轴一端的

书名牙签,或书册封面上的书名签条。　⑪文繁:这里指写文章用很多的典故。　⑫獭祭:即獭祭鱼。水獭常把捕到的鱼陈列在水边,就像人祭祀(sì)时陈列供品一样。比喻写文章时罗列典故,堆砌(qì)成文。　⑬体艳:指文体艳丽。　⑭别:类别。　⑮香奁:指香奁体,专以妇女身边琐(suǒ)事为题材的诗词。　⑯昨夜题梅:指唐代诗人齐己写的《早梅》诗。　⑰更一字:指唐代诗人郑谷把齐己《早梅》诗中"昨夜数枝开"中的"数"改为"一"。更:改。　⑱重帘:重叠的门帘。　⑲诗以史名:指杜甫的诗被称为"诗史"。　⑳悲歌:悲壮地歌唱。　㉑杜甫:见下卷"一先"第2段注⑨。　㉒笔经人索:指江淹梦见有人向自己索要五色笔。　㉓显晦:明与暗。指充满才华与失去才华。　㉔江淹:字文通,济阳考城(今河南兰考)人。齐时任御史中丞,梁时为金紫光禄(lù)大夫。年少时以文章著名,晚年才思渐退。

【大意】

人与己对应,爱与嫌对应,举止与观瞻对应。

四知与三语对应,义正与辞严对应。

在落满雪的桌子上勤奋学习,在科举考场里参加考试,漏箭与书笺对应。

写文章时罗列典故被称为獭祭鱼,写得十分艳丽的诗文被称为香奁体。

郑谷改动了齐己所写《早梅》诗中的一个字,早春时为了迎接燕子归来而卷起重重帘子。

当人们因忧愁而悲壮地歌唱时,便会怀念写作诗史的杜甫;自从梦见自己的五色笔被人要走,江淹似乎变老了,由才华横溢变成了才思枯竭。

十五咸

【题解】

"十五咸"的"十五"是序号,"咸"是30个平声韵的代表字之一,表示与"咸"归于同一韵部的字。"十五咸"中的"监""岩""杉""函""凡""衫""缄(jiān)"等都是与"咸"同韵的字。

栽对植,薙(tì)①对芟(shān)②,二伯③对三监④。
朝臣⑤对国老⑥,职事⑦对官衔⑧。
鹿麌(yǔ)麌⑨,兔毚(chán)毚⑩,启牍(dú)⑪对开缄⑫。
绿杨莺(yīng)⑬睍睆(xiànhuǎn)⑭,红杏燕呢喃(nán)⑮。
半篱(lí)⑯白酒娱⑰陶令⑱,一枕黄粱⑲度⑳吕岩㉑。
九夏㉒炎飙(biāo)㉓,长日风亭㉔留客骑㉕;三冬㉖寒冽(liè)㉗,漫天雪浪驻㉘征帆㉙。

【注释】

①薙:除草。　②芟:割草。　③二伯:指西周初年的周

公和召(shào)公,曾辅佐年幼的周成王治理国家。　④三监:周武王灭商后,把商纣(zhòu)王之子武庚(gēng)封于商朝旧都殷,派弟弟管叔、蔡叔、霍叔加以监督,称为三监。　⑤朝臣:朝廷的官员。　⑥国老:国家的重臣。　⑦职事:职务;职业。　⑧官衔:官员的职位名称。　⑨麌麌:聚集在一起的样子。　⑩毚毚:狡猾的样子。　⑪启椟:打开书信。椟:书信;公文。　⑫开缄:打开书函。缄:书函。　⑬莺:鸟,身体小,嘴短而尖,叫声清脆。种类很多。　⑭睍睆:形容声音清和圆转。　⑮呢喃:形容燕子的叫声。　⑯篱:篱笆(bā),环绕在房屋、场地等周围起遮拦作用的东西。　⑰娱:使人快乐。　⑱陶令:指晋代的陶渊明,因他曾担任过彭泽令,故称。　⑲一枕黄粱:见下卷"七阳"第3段注⑭。　⑳度:使人觉悟。　㉑吕岩:即吕洞宾。唐末道士,号纯阳子,通称吕祖。传为道教八仙之一。　㉒九夏:夏天;夏季。　㉓炎飙:炎热的疾风。　㉔风亭:亭子。　㉕客骑:骑马的过路人。　㉖三冬:冬季。　㉗寒冽:寒冷。　㉘驻:止住;阻住。　㉙征帆:远行的船。

【大意】

栽与植对应,薙与芟对应,二伯与三监对应。

朝臣与国老对应,职事与官衔对应。

鹿聚在一起,兔子狡猾,启椟与开缄对应。

黄莺在碧绿的杨树上鸣叫,燕子在开满红花的杏树上呢喃。

东篱下的菊和白酒使陶渊明感到快乐,吕洞宾在店主蒸黄粱时用一个枕头使卢生觉悟。

　　夏日白天漫长,炎热的风使骑马的过客躲在亭子里不敢上路;冬天寒冷无比,漫天的大雪和波浪阻住了准备远行的航船。

梧①对杞(qǐ)②，柏对杉，《夏》③《濩(hù)》④对《韶》⑤《咸》⑥。

涧瀍(chán)⑦对溱洧(zhēnwěi)⑧，巩⑨洛⑩对崤(xiáo)⑪函⑫。

藏书洞⑬，避诏岩⑭，脱俗⑮对超凡⑯。

贤人⑰羞献媚⑱，正士⑲嫉⑳工谗(chán)㉑。

霸越㉒谋臣㉓推㉔少伯㉕，佐㉖唐藩(fān)㉗将重㉘浑瑊(jiān)㉙。

邺(yè)下狂生㉚，羯(jié)鼓㉛三挝(zhuā)㉜羞锦袄㉝；江州司马㉞，琵琶(pípa)㉟一曲湿青衫㊱。

【注释】

①梧：梧桐，落叶乔木，叶子掌状分裂，开黄绿色花。　②杞：杞柳，落叶灌木，叶子长椭圆形，开暗紫绿色花。　③《夏》：禹时的乐曲名。　④《濩》：商汤时的乐曲名。濩：通"頀(hù)"。　⑤《韶》：虞舜时的乐曲名。　⑥《咸》：即《咸池》，相传为尧时的乐曲名。　⑦涧瀍：二水名。均流经今河南洛阳市注入洛水。　⑧溱洧：溱水与洧水。在今河南。　⑨巩：春秋古国名。故址在今河南巩县境内。　⑩洛：指洛阳，在河南。　⑪崤：山名。在河南洛宁县北。　⑫函：指函谷关。在今河南灵宝市东北王垛村。　⑬藏书洞：指今湖南沅(yuán)陵县西北小酉(yǒu)山上的石洞，相传秦时在此藏书千卷。　⑭避诏岩：华山南峰天门西北的巨大岩石，相传宋代著名道士陈抟(tuán)曾隐居于此，躲避朝廷的征召，故名。　⑮脱俗：不沾染庸俗之气。　⑯超凡：超过凡

俗。　⑰贤人:有品德或才能的人。　⑱献媚:为讨好别人而做出使人欢心的举动。　⑲正士:正直的人。　⑳嫉:憎恶;痛恨。　㉑工谗:巧于在别人面前说陷害某人的话。　㉒霸越:使越国称霸。　㉓谋臣:出谋划策的臣子。　㉔推:推许;推重。　㉕少伯:指范蠡(lǐ)。见下卷"十四盐"第1段注⑰。　㉖佐:帮助;辅助。　㉗藩:封建王朝的属国或属地。　㉘重:推崇。　㉙浑瑊:本名进,皋(gāo)兰州(今宁夏中宁东北)人。铁勒族浑部。唐朝时跟从郭子仪平定安史之乱、打退叛将朱泚(cǐ)、击败李怀光等,因功任左金吾卫大将军、检校司空。　㉚邺下狂生:指祢(mí)衡,字正平,平原般(今山东商河北)人。有文才,恃才傲物。邺:古都邑(yì)名,在今河北临漳(zhāng)。狂生:狂放的人。　㉛羯鼓:古代的一种打击乐器。起源于印度,从西域传入。　㉜三挝:指《渔阳三挝》,鼓曲名。挝:鼓槌(chuí)。　㉝锦袄:用锦缎(duàn)做的有里子的上衣。这里指曹操。　㉞江州司马:指白居易,字乐天,晚年号香山居士,下邽(guī,今陕西渭南)人。唐代著名诗人。曾任左拾遗,后被贬为江州司马,晚年任杭州、苏州刺史和太子少傅等职。　㉟琵琶:弦乐器,木制,有四根弦,下部为半梨状,上部为长柄。　㊱青衫:青色的衣衫。唐代规定,文官八品、九品穿青衫。

【大意】

梧与杞对应,柏与杉对应,《夏》《濩》与《韶》《咸》对应。
涧瀍与溱洧对应,巩洛与崤函对应。
藏书的石洞,躲避朝廷征召的岩石,脱俗与超凡对应。
贤能的人羞于向别人献媚,正直的人憎恶巧于进谗言。

使越国称霸的谋臣中最有名的当数范蠡,辅佐唐朝的少数民族将领中功劳最大的要数浑瑊。

狂放的祢衡在邺下用羯鼓敲打《渔阳三挝》,使曹操感到羞愧;江州司马白居易听了一支琵琶曲,泪水沾湿了青衫。

袍①对笏(hù)②,履③对衫④,匹马对孤帆⑤。

琢(zhuó)磨⑥对雕镂(lòu)⑦,刻划⑧对镌镵(juān chán)⑨。

星北拱⑩,日西衔⑪,卮(zhī)漏⑫对鼎馋⑬。

江边生杜若⑭,海外⑮树⑯都咸⑰。

但得恢恢⑱存利刃,何堪咄(duō)⑲咄⑳达空函㉑。

彩凤知音㉒,乐典㉓后夔(kuí)㉔须九奏㉕;金人㉖守口㉗,圣㉘如尼父㉙亦三缄(jiān)㉚。

【注释】

①袍:袍子,中式的长衣服。　②笏:古代大臣上朝面见君主时君臣手中所拿的用来记事的狭长板子,用玉、象牙或竹片制成。　③履:鞋。　④衫:单上衣。也泛指衣服。　⑤孤帆:孤单的船只。　⑥琢磨:雕刻和磨治玉石。　⑦雕镂:雕刻。　⑧刻划:雕刻;刻印。　⑨镌镵:雕凿。　⑩拱:环绕;环卫。　⑪日西衔:太阳将从西边落下。　⑫卮漏:即漏卮,底上有孔的酒器。卮:古代的一种盛酒器。　⑬鼎馋:即馋鼎,春秋时鲁国一个鼎的名称。　⑭杜若:香草名。叶子披针形,夏季开白花。杜:有的本子作"桂"。　⑮海外:四海之外,泛指极边远的地方。　⑯树:种植。

十五咸　169

⑰都咸:一种果树,形状像李树,生长在南方。也叫都咸子。
⑱恢恢:宽阔广大的样子。　⑲堪:能够。有的本子作"须"。
⑳咄咄:感叹声,表示惊讶。　㉑空函:没有放入信笺(jiān)的函封。　㉒知音:通晓音律。　㉓典:掌管;主持。
㉔夔:相传为舜时的乐官。　㉕九奏:变换演奏九次。
㉖金人:铜铸的人像。　㉗守口:指不轻易开口说话。
㉘圣:有极高品德或智慧。　㉙尼父:指孔子。见上卷"十四寒"第3段注⑭。　㉚三缄:用多层封条封闭。缄:封闭。

【大意】

袍与笏对应,履与衫对应,匹马与孤帆对应。

琢磨与雕镂对应,刻划与镌镵对应。

众星环绕着北极星,太阳将从西边落下,卮漏与鼎馋对应。

江边生长着杜若,海外种植着都咸。

只要给锋利的刀以足够转动的余地,怎么能发生把没有信笺的函封寄给对方的怪事。

五彩的凤凰通晓音律,在后夔的主持下变换演奏九次乐曲后就会成双成对地到来;铜铸的人像不开口说话,连孔子这样的圣人说话也十分谨慎。

图书在版编目（CIP）数据

笠翁对韵/冯国超译注.-- 北京：华夏出版社，2017.2（2020.1 重印）
(华夏国学经典全本全注全译丛书)
ISBN 978-7-5080-9110-5

Ⅰ.①笠… Ⅱ.①冯… Ⅲ.①诗词格律 – 中国 – 启蒙读物 ②《笠翁对韵》– 译文 ③《笠翁对韵》– 注释 Ⅳ.① H194.1 ② I207.21

中国版本图书馆 CIP 数据核字（2016）第 305788 号

笠翁对韵

译 注 者	冯国超
责任编辑	裘挹红
出版发行	华夏出版社
经　　销	新华书店
印　　刷	三河市少明印务有限公司
装　　订	三河市少明印务有限公司
版　　次	2017 年 2 月北京第 1 版 2020 年 1 月北京第 6 次印刷
开　　本	880mm×1230mm　1/32
印　　张	5.75
字　　数	139 千字
定　　价	12.00 元

华夏出版社　地址：北京市东直门外香河园北里 4 号　邮编：100028
网址：www.hxph.com.cn　电话：（010）64618981
若发现本版图书有印装质量问题，请与我社营销中心联系调换。